역사 속
세기의 로맨스

 **2** 타지마할, 영원한 사랑의 완성

2012년 8월 1일 초판 1쇄 발행
2018년 1월 12일 초판 3쇄 발행

글 박시연 / 그림 유수미
펴낸이 이철규 / 펴낸곳 북스
편집 이은주 / 편집디자인 이종한

편집부 02-336-7634 / 영업부 02-336-7613 / FAX 02-336-7614
홈페이지 http://www.vooxs.kr / 등록번호 제 313-2004-00245호 / 등록일자 2004년 10월 18일

주소 서울특별시 광진구 동일로 4길 32 2층
값 10,800원
ISBN 978-89-6519-047-9 74800
  978-89-6519-043-1 (세트)

잘못된 서적은 구입하신 서점에서 교환하여 드립니다.
이 책은 저작권법에 의해 보호를 받는 저작물이므로 불법 복제와
스캔 등 무단 전재 및 유포·공유를 금합니다.

역사 속 세기의 로맨스

2 타지마할, 영원한 사랑의 완성

글 박시연 그림 유수미

머리말

　'세기의 로맨스'는 말 그대로 세계가 놀랄 만한 로맨스를 다룬 글입니다.
　주인공 이지가 타임 슬립을 통해 과거의 시공으로 떨어지고, 그곳에서 '헨리 8세와 앤 블린', '샤 자한과 뭄타즈 마할', '원효대사와 요석공주' 등 역사에 기록될 만한 강렬하고도 아름다운 사랑을 나눈 주인공들을 만나 함께 기뻐하고 슬퍼하며 사랑을 배워간다는 내용입니다. 이렇게 과거에서 만난 친구들을 통해 사랑의 진정한 의미와 가치를 깨달으며 이지는 조금씩 성장합니다. 그리고 이런 성장을 바탕으로 현실세계에서 자신을 무던히도 괴롭히지만 때때로 묘한 분위기로 헷갈리게 만드는 킹카 중의 킹카 주노와의 사랑을 가꾸어 나갑니다.
　세기의 로맨스는 물론 로맨스를 중심으로 하는 시리즈입니다. 하지만 그 시대에 살았던 주인공들의 삶과 사랑을 현실세계에서 온 이지의 눈으로 지켜보고 느끼면서 당시의 역사에 대해 자연스럽게 배

우게 됩니다. 그들의 사랑 자체가 역사가 되는 것이지요.

　우리 학생 독자들에게 로맨스는 언제나 중요한 관심거리일 겁니다. 누구나 한 번쯤은 밤하늘의 별을 올려다보며 시크한 왕자님과의 사랑을 꿈꾸고, 또한 거리를 걷거나 지하철을 타고 가다가 첫 사랑과의 우연한 재회를 꿈꾸기도 했겠지요. 세기의 로맨스를 펼치는 순간, 여러분이 기대하는 그런 설렘을 만날 수 있습니다.

　더불어 그들이 어떻게 그런 사랑을 하고, 어떻게 그런 행복 혹은 비극을 맞았는지 그 역사적 배경까지 알게 된다면 더욱 흥미진진하지 않을까요?

박시연

차례

머리말 _6

달달한 유혹 _11

너는 나의 히어로 _31

축제가 끝난 후 _49

무굴 제국의 왕자 쿠람과의 만남 _62

쿠람은 고집불통 _82

장벽을 넘어 _102

시바의 환생 _132

화려한 귀환 _150

타지마할, 영원한 사랑의 약속 _164

이번 한 번만 용서해 줄게! _191

부록_ 타지마할 _196

달달한 유혹

 이지와 주노는 단 일 센티미터의 거리를 두고 서로의 눈을 뚫어져라 바라보고 있었다. 주노는 병실 침대에 누워 있었고, 이지가 허리를 구부려 얼굴을 접근시킨 채였다. 이지는 이 어색한 상황에서 진심으로 벗어나고 싶었다. 하지만 지뢰를 밟은 정찰병처럼 옴짝달싹할 수가 없었다. 섣불리 움직였다간 하주노라는 강력한 지뢰가 펑, 터져 버릴 것이다.
 콰악!
 주노의 한쪽 팔이 그녀의 허리를 와락 끌어안은 것은 그때였다.
 "뭐, 뭐예요?"
 "어영차~!"
 화들짝 놀라는 이지를 주노가 침대 위로 가볍게 끌어올렸다. 그리곤 이지를 침대에 눕히고 자신은 그녀의 위로 올라갔다. 자신을 깔아

뭉갠 채 개구쟁이처럼 히죽거리는 주노를 올려다보며 귓불까지 빨개진 이지가 간신히 항의했다.

"다, 당장 비키지 않으면 소리를 지르겠어요."

"소리를 지를 사람은 오히려 내가 아닌가?"

"뭐라고요?"

"네가 먼저 잠든 내게 키스를 하려고 했잖아?"

"……."

말문이 턱 막힌 이지가 짓궂게 반짝이는 주노의 눈을 멍하니 보다가 간신히 중얼거렸다.

"오, 오해하지는 말아요. 그냥 선배의 상태가 어떤지 보려고 했을 뿐이니까."

"호오, 내 상태가 걱정돼서 입술을 부딪치려 했단 말이지? 그거 참 독특한 방법인걸."

으이그~ 비웃음을 사도 싸지, 싸! 이지는 한숨을 푹 쉬었다. 그리고 다시 시선을 위로 향하는 순간, 이지의 눈이 부릅떠졌다. 주노의 얼굴이 아래로 접근하고 있는 걸 발견했기 때문이다.

"뭐, 뭐하려는 거예요?"

떨리는 목소리로 묻는 이지에게 입술을 접근시키며 주노가 대답했다.

"뭘 하긴? 방금 네가 하려던 일을 마저 하려는 거지."

"서, 설마…… 안 돼요!"

"네가 하면 되고, 내가 하면 안 돼? 네가 하면 로맨스고, 내가 하면

범죄야?"

그래, 너 잘났다. 너 말 잘해서 먹고 싶은 것도 많겠다. 이 상황에서도 조목조목 따지는 주노가 얄미워 이지는 그를 꽉 째려봐 주었다. 그러거나 말거나 그의 잘생긴 입술은 절대로 항로를 이탈한 적이 없는 유람선처럼 조금씩 거리를 좁혀 오고 있었다. 아, 결국 현실에서의 첫 키스는 주노 선배와 하게 되는 건가? 이지는 눈을 스르륵 감으며 다시 은은히 울려 퍼지기 시작하는 종소리에 귀를 기울였다.

"어이, 아가씨. 정신 차려."

주노가 손가락으로 그녀의 뺨을 툭툭 두드린 것은 그때였다. 놀란 이지가 눈을 번쩍 뜨자, 한쪽 손으로 옆얼굴을 받친 채 바로 옆에 누워 자신을 내려다보는 주노가 보였다. 그의 입가에 어린 미소를 보고서야 이지는 자신이 속았음을 깨달았다. 주노가 새빨갛게 달아오른 이지의 볼을 손가락으로 터치하며 말했다.

"대체 무슨 기대를 했던 거야? 미안하지만 내 눈에는 네가 어린애로 보일 뿐이거든."

사람을 끝까지 바보로 만들어야 속이 시원하겠냐, 이 악당아! 독 오른 암고양이처럼 비명을 지르며 주노의 얼굴을 날카로운 손톱으로 사정없이 긁어 버리고 싶은 욕망을 가까스로 누르고 이지는 침대 밖으로 내려섰다.

"나가서 언제 퇴원이 가능한지 물어보고 올게요."

"어이, 너무 섭섭해 말라고. 언젠가는 너한테 딱 어울리는 어린 왕자님이 나타날 테니까."

참자, 참아. 참는 자에게 복이 오나니. 병실 문 앞에 서서 이지는 주먹을 바르르 떨었다.

쿠웅!

이지가 나가고 거칠게 닫히는 문을 보며 주노는 야릇한 미소를 지었다. 지금 자신의 행동에는 스스로 생각하기에도 확실히 평소답지 않은 점이 있었다. 만약 다른 누군가가 자신에게 레몬을 먹이는 실수 따위를 저질렀다면 아마 그 누군가는 영원히 자신 앞에 나타날 수 없을 것이다. 그런데 이상하게도 주노는 이지한테 만큼은 관대했다.

"나도 내 마음을 잘 모르겠단 말씀이야……?"

나직이 중얼거리며 주노는 자신이 이지를 다른 사람과 다르게 대하는 이유에 대해 골똘히 생각해 보았다.

"아앗!"

잠시 후, 생각에 잠겨 있던 주노는 깜짝 놀라 소리를 지르고 말았다. 이지에게 과분한 호의를 베푼 이유를 드디어 찾아냈던 것이다.

"그 녀석, 어딘지 엄마와 닮은 구석이 있어."

물론 열일곱 살이나 된 아들을 둔 아줌마답지 않게 여전히 화려하고 아름다운 엄마와 시골 들판에서 자라난 들장미 같은 이지와는 많은 차이가 있었다. 하지만 뭐라고 꼭 집어 설명할 수 없음에도 불구하고 둘 사이에는 분명 공통점이 있었다. 마치 왕궁의 정원에서 피어난 장미나 들에서 피어난 장미나, 둘 다 똑같은 장미이듯 말이다.

"흐음……, 어쩐지 앞으로 재미있는 일이 많이 생길 것 같은데."

"자는 동안 땀을 많이 흘렸나 봐. 샤워부터 해야겠다."
집으로 돌아오자마자 주노는 후드티와 청바지를 훌훌 벗어젖혔다. 이지가 양손으로 얼굴을 가리며 비명을 질렀다.
"꺄악! 여자 앞에서 뭐하는 짓이에요?"
"나한테 너는 여자가 아니라고 했지? 그냥 어린 메이드일 뿐이야."
상체를 노출시킨 주노가 손가락을 튕겨 이지의 이마를 따악 때리고는 욕실 문을 열고 들어갔다. 이지는 손가락을 슬쩍 벌려 주노의 등을 훔쳐보았다. 와우, 대박! 살짝 마른 듯한 등의 섬세하게 갈라진 근육을 보며 이지는 내심 감탄사를 내뱉었다.
쿵!
"후우우~."
욕실 문이 닫히자 이지는 놀란 가슴을 쓸어내리며 한숨을 내쉬었다. 틈만 나면 사람을 골려 먹기나 하고 말이야. 툴툴거리며 이지는 바닥에 흩어진 주노의 옷가지들을 챙겼다. 그리고 그것들을 다용도실의 세탁기에 집어넣었다. 그제야 이지는 거실로 돌아와 소파에 털썩 주저앉았다. 온몸이 노곤해서 등받이에 머리를 묻고 잠시 휴식을 취했다.
"아아……, 상쾌하다."
그 사이 깜빡 잠이 들었나 보다. 주노가 욕실 문을 열고 나오는 소리를 듣고 이지는 퍼뜩 정신을 차렸다. 손등으로 침이 살짝 묻은 입가를 훔치며 돌아보는 이지의 눈에 젖은 머리카락을 타월로 닦으며 나오는 주노가 보였다.

순간 이지는 숨을 훅 들이마실 수밖에 없었다. 그는 알몸에 가운만 걸친 아슬아슬한 차림이었다. 살짝 벌어진 가운 틈새로 섬세하게 갈라진 가슴골이 엿보였다. 아직 완전히 마르지 않은 나신에서 물방울을 툭툭 흘리며 그는 이지를 향해 걸어왔다.

맞은편 자리에 앉는 주노를 이지는 멍하니 바라보았다. 이지와 눈이 마주친 주노가 흰 이를 드러내며 미소를 지었다. 왠지 얼굴이 화끈 달아오른 그녀는 서둘러 고개를 돌렸다.

주노가 손바닥으로 자신의 옆자리를 툭툭, 두드렸다.

"이리로 와서 앉아 봐."

이지가 그런 주노를 보며 어림없다는 듯이 말했다.

"싫어요!"

"나는 오늘 너 때문에 거의 죽을 뻔했어. 그런데 이런 작은 부탁조차 못 들어준다고?"

"후우우~."

주노가 정색하며 말하자 이지는 일어설 수밖에 없었다. 그리고 주노의 바로 옆자리로 가서 살며시 엉덩이를 붙였다.

"아……!"

주노의 옆에 앉은 이지의 입에서 짧은 탄성이 새어나왔다. 정면으로 보이는 넓은 거실 창은 온통 황혼에 물들어 있었다. 이제 보니 이

자리가 명당이군. 주황색 구름이 서쪽으로 무리지어 흘러가는 것을 보며 이지는 묘한 안도감을 느꼈다.

생각해 보면 참 정신없는 하루였다. 주노에게 레몬을 먹여 한바탕 큰 소동을 겪었으니 말이다. 그래도 사람의 마음을 차분히 가라앉혀 주는 저 노을을 마주하니, 피로가 조금은 가시는 기분이었다.

"노을을 보면 무슨 생각을 해?"

"예? 뭐라고요?"

딱히 대답을 기대하지 않았다는 듯 주노는 혼잣말로 중얼거렸다.

"나는 신의 모순에 대해 생각하곤 해."

"신의…… 뭐요?"

"신은 세상을 이렇게 아름답게 창조해 놓고, 왜 이토록 탐욕스러운 인간을 주인으로 세우셨을까?"

이거야 원, 자다가 봉창을 두드리는 것도 아니고. 황당한 표정을 짓는 이지를 주노가 까만 눈동자를 반짝이며 돌아보았다.

"윤이지, 너는 이상하다고 생각해 본 적 없어?"

솔직히 나는 선배란 사람이 더 이상하거든요. 한 마디 쏘아붙이려다가, 이지는 입을 다물기로 했다. 그리고 노을이 점점 짙어지는 하늘로 시선을 옮겼다. 한동안 넋을 놓고 하늘을 보고 있는데, 어깨에 주노의 머리가 살며시 기대어 오는 게 느껴졌다. 또 심장이 쿵쾅거렸다. 이러다 심장병에 걸리는 건 아닐까?

"쿠울~."

힐끗 돌아보니 주노는 그새 잠이 들어 있었다. 하긴 선배에게도 피곤한 하루였을 것이라고 이지는 생각했다. 주노의 낮고 규칙적인 숨소리를 들으며 이지는 하늘에서 붉은빛이 완전히 잦아들고, 어둠의 장막이 드리울 때까지 미동도 하지 않았다.

"꺄악! 하주노다!"
"주노 선배가 돌아왔다!"
"선배, 사랑해요!"

월요일 아침, 나래중학교 교문 앞에서는 한바탕 소동이 벌어졌다. 교복을 빼입은 주노가 등교하고 있었기 때문이다. 흐음, 확실히 주노 선배가 입으니까 다 똑같은 교복도 빛깔이 다르구나. 새삼 감탄의 시선으로 주노의 모습을 살피며 이지는 그와 함께 나란히 교문을 통과하고 있었다. 왠지 자신이 스타라도 된 듯이 으쓱해지는 기분이었다.

"이지야! 여기야, 여기!"

교문에서부터 운동장까지 양옆으로 죽 늘어서서 박수치며 환호하는 학생들 사이에서 펄쩍펄쩍 뛰며 팔을 흔드는 세라의 모습이 보였다. 세라는 친구들을 향해 소리치고 있었다.

"주노 선배 옆에 껌처럼 붙어 있는 애가 선배의 사촌 동생 윤이지야! 이지는 내 짝꿍이라고, 짝꿍!"

하루 종일 학교 전체가 들썩였다. 하주노란 이름 석 자가 갖는 위력을 이지는 새삼 실감할 수 있었다. 나래중학교 재학생들 사이에서 그는 대통령과 같은 존재였다. 첫 교시가 끝나자마자 반 애들 거의 전부가 이지의 자리로 몰려들었다. 평소 같은 반인지조차 잘 몰랐던 아이들이 친한 척하며 주노에 대해 한 가지라도 더 알아내려고 했다.

"이지야, 안녕? 학기 초에 내가 너한테 지우개를 빌려 줬었는데 기억나지?"

"윤이지 너, 초록색을 좋아한다고 했지? 나도 초록색 진짜 좋아해."

"주노 선배는 어떤 음악을 좋아하니?"

"혹시 선배의 침실에 들어가 본 적 있어? 선배는 알몸으로 잔다던데……, 꺄아~ 창피해!"

보디가드를 자청한 세라가 반 애들을 밀어냈다.

"자리로 돌아가! 돌아가! 이지는 피곤하단 말이야!"

친구들을 가까스로 쫓아낸 세라가 이지를 향해 히죽 웃었다.

"주노 선배가 나에 대해 뭐라고 하든?"

"응, 그게 무슨 소리야?"

"선배가 이 정세라를 보고 뭐라고 했느냐고?"

"그…… 그게……."

아무 말도 안 했다고 솔직하게 말해야 했지만, 기대감으로 눈을 반짝이는 세라를 보니 이지는 도저히 그럴 수가 없었다.

"네, 네가 귀엽다고 하더라."

"꺄악! 정말? 정말?"

손뼉을 마주치는 세라를 보며 이지는 앞으로의 학교생활이 순탄치 않으리라 예감했다.

진짜 소동은 점심시간에 벌어졌다. 주노가 이지의 교실에 불쑥 나타난 것이다. 세라가 이지를 향해 똑바로 걸어오는 주노를 가리키며 숨넘어가는 소리를 냈다.

"저…… 저건 하주노 선배……?!"

동시에 교실 곳곳에서 비명이 터져 나왔다.

"꺄악!"

"주노 선배다!"

"선배가 일 학년 교실까지 와 주시다니?"

"사촌 동생인 이지를 보러 온 모양이야!"

엄청난 환호 속에 입장한 주노가 이지 앞에 우뚝 섰다. 교실 전체가 숨을 죽인 채 수상쩍은 남매를 뚫어져라 관찰하고 있었다. 묵묵히 이지의 얼굴을 보던 주노가 입이라도 맞추려는 듯 허리를 구부려 얼굴을 접근시켰다. 이지는 반사적으로 입을 가렸다. 주노가 픽 웃으며 귓가에 대고 속삭였다.

"방금 무슨 상상했냐?"

"내, 내가 뭘요?"

"엉큼한 생각 말고 배고파 죽겠으니 밥이나 차려주시지?"

"예에? 바, 밥이라고요?"

너무 놀란 이지가 버럭 소리치는 바람에 세라를 비롯한 모두의 시선이 그녀에게 집중되었다. 주노가 몸을 바로 세우며 당연하다는 듯이 고개를 끄덕였다.

"그래, 밥. 밥 차려 줘야 할 거 아니야."

"……"

이지는 잠시 멍청한 표정을 지은 채 빙글빙글 웃는 주노의 얼굴을 보았다. 밥이라니? 여긴 주노의 저택이 아니라 학교가 아닌가. 학교에서 밥을 찾으면 대체 어쩌라고? 혼란에 빠진 이지 대신 세라가 주노를 향해 친근하게 웃으며 물었다.

"선배 아직 점심 안 드셨어요? 제가 급식실로 안내해 드릴까요?"

"급식실은 노 땡큐. 나는 밖에서 누가 만들었지도 모를 음식은 절대 안 먹거든."

"예에……?"

세라가 설명을 요구하듯 이지의 얼굴을 보았다. 이지는 억지로 웃으며 낮은 한숨을 푸욱 내쉬었다. 주노가 그런 이지의 얼굴을 가리키며 쐐기를 박듯이 말했다.

"어이~ 이지. 나는 학교에서도 네가 만들어 준 음식만 먹을 거니까, 그런 줄 알아라."

"무, 무리예요. 일단 음식을 만들 식재료와 주방용품도 없는데 어떻게……?"

"그럴 줄 알고 내가 식재료와 주방용품을 애마에 잔뜩 싣고 왔지."

히죽거리는 주노의 얼굴을 이지는 기가 막힌 듯이 바라보았다. 헐~

아무리 몰상식한 주인이라도 이건 너무하잖아. 부글부글 끓어오르는 분노를 간신히 억누르고 있는 이지의 팔을 세라가 툭 쳤다.

"이지야, 네가 주노 선배 밥도 해 주니?"

"하하……, 그게 어떻게 된 일이냐면 말이지……."

당황하는 이지의 어깨에 손을 얹으며 주노가 환하게 미소를 지었다.

"내가 집 밥만 먹는 걸 알고 이지가 신경을 써 주고 있어. 이지는 이 오빠를 끔찍이 사랑하거든. 그렇지, 이지야?"

이 거짓말쟁이 같으니. 대체 그 번드르르한 혓바닥으로 얼마나 많은 여자들의 눈을 속인 거냐. 발등이라도 콱 밟아주고 싶은 것을 참으며 이지도 따라 웃을 수밖에 없었다.

"그, 그럼. 내가 오빠를 얼마나 좋아하는데."

세라가 살짝 의심스런 눈빛으로 이지와 주노의 얼굴을 번갈아 보았다. 주노가 이지의 어깨를 잡은 채 서둘러 돌아섰다.

"배고프다. 빨리 나가서 점심 먹자."

"나도 갈래. 가도 되지?"

세라가 냉큼 두 사람을 따라나섰다. 덕분에 이지는 항의 한 번 못하고 주노에게 끌려갈 수밖에 없었다.

주노의 애마는 근사하게 생긴 흰색 스쿠터였다. 주노는 반짝반짝 빛나는 스쿠터를 학교 뒤편 동산에 세워두었다. 스쿠터 뒷좌석에 커다란 마켓용 백이 묶여 있었다. 아름드리 아카시아나무들이 시원한 그늘을 드리운 벤치에 앉으며 주노는 느긋하게 말했다.

"백을 펼쳐 봐."

끙끙거리며 백을 내려 펼쳐 본 이지는 신음을 흘리고 말았다.

"맙소사……, 이게 다 뭐예요?"

백 안에서 밀가루, 베이킹파우더, 치즈, 칵테일새우, 감자, 피망 등 식재료는 물론 버너, 프라이팬, 도마, 밀대 등의 주방용품까지 쏟아져 나왔다. 황당해 하는 이지 옆에 쪼그리고 앉으며 세라도 기가 막힌 듯이 말했다.

"와아~ 식당 하나 차려도 되겠다."

"그, 그러게 말이야."

주노가 억지로 웃는 이지를 향해 말했다.

"스쿠터 옆에 매달려 있는 그 기다란 건 돗자리야. 돗자리 펼치고 편안하게 요리하도록 해. 그런데 여기 경치 제법이다. 앞으론 죽 이곳에서 점심 식사를 먹어야겠어."

마치 소풍이라도 나온 듯한 주노를 째려보다가 이지는 한숨을 푸욱 내쉬며 일어섰다. 그리고 세라의 도움을 받아 돗자리를 펼쳤다. 울고 싶은 이지의 마음을 아는지 모르는지 세라도 덩달아 신바람이 났다.

"이거 진짜 괜찮은데? 나도 이제부터 급식 먹지 말고 여기서 먹어야겠다."

"하하…… 그러시든가."

화가 치미는데 억지로 웃으려니 입술에 경련이 나려고 했다. 돗자

리에 앉아 여러 식재료들을 둘러보며 세라가 물었다.

"그런데 이게 다 뭘 만드는 재료야?"

주노가 대신 답했다.

"이탈리아 정통 피자인 마르게리타."

"대박! 나, 마르게리타 완전 좋아하는데!"

그래, 아주 죽이 척척 맞는구나. 인상을 구기는 이지를 향해 세라가 눈을 동그랗게 뜨고 물었다.

"그런데 이지 네가 피자도 만들 줄 알아?"

"으응…… 뭐 대충."

"와아~ 이지 짱!"

엄지를 치켜세우는 세라를 보며 이지는 고개를 설레설레 흔들었다. 그리고 돗자리 위에 자리잡고 앉아 피자를 만들기 시작했다. 주노는 돗자리 가장자리에 비스듬히 누워 패션잡지를 뒤적였고, 그나마 세라가 도와준다며 곁에서 거들었다.

이지는 먼저 베이킹파우더를 한 움큼 넣고 밀가루부터 반죽하기 시작했다. 피자의 맛은 이 반죽에서 결정된다 해도 지나친 말이 아니다. 그래서 이지는 노련한 중국집 주방장처럼 반죽을 치대고 또 치대서 쫀득하게 만드는 데 힘썼다. 어느새 이마에 땀방울이 송글송글 맺혔다.

"이 정도면 됐어."

반죽을 끝낸 이지는 그것을 널찍한 도마 위에 올려놓고 밀대로 편편하게 펴기 시작했다. 광고에서는 콧수염을 멋들어지게 기른 이탈리아 아저씨가 공중에서 반죽을 빙글빙글 돌리며 도우를 얇게 만들지만, 이지에게 그런 기술이 있을 리가 없었다. 그래도 꾹꾹 힘을 주며 밀어서 얼추 비슷한 모양을 만드는 데 성공했다.

"휴우~."

도우를 만든 이지가 손등으로 이마의 땀을 닦았다. 도우가 준비되면 피자는 절반 이상 완성된 것이나 다름없다. 먼저 도우에 소스를 바르고 칵테일 새우를 얹었다. 채칼로 얇게 썬 감자도 올리고 피망을 얹고, 그 위에 하얀 피자치즈를 골고루 뿌리면 완성. 이렇게 만든 피자를 뜨겁게 달군 오븐에 넣고 십오 분 정도 구워내면 끝이다. 오븐을 사용하려면 조리실까지 내려가야 하니까 귀찮아서 패스. 대신 프라이팬에 올리고, 뚜껑을 덮은 후 약한 불에서 이십 분 정도 구웠다.

"피자 이거 생각보다 쉽게 만들 수 있는 거구나?"

어이~ 정세라. 중요한 건 반죽이라니까. 고작 물이나 떠다 주고, 치즈가루나 뿌려준 주제에 남의 수고를 깎아내리는 건 실례라고.

"뜨거우니까 조심해서 먹어."

이지는 주노와 세라에게 피자 한 조각씩을 건네며 주의를 주었다. 피자를 한입 베어 문 세라가 황홀한 표정을 지었다.

"진짜 맛있다! 나, 완전 반했어!"

"헤헤! 뭐 이 정도를 가지고."

우쭐해진 이지가 주노 쪽을 쳐다보았다. 말 한 마디 않고 피자를 우적거리는 주노를 보며 이지는 눈살을 살짝 찌푸렸다. 선배도 칭찬 한 마디 해 주면 어디가 덧나?

"솔직히 말하면 도우가 살짝 두꺼워. 이탈리아 피자는 바삭거리는 맛으로 먹는 거거든."

하여튼 대충 넘어가는 법이 없군. 이지가 인상을 긁을 때, 세라가 일어섰다.

"어딜 가려고?"

"매점에 좀 다녀올게."

"갑자기 매점에는 왜?"

"피자에 콜라가 빠지면 팥 없는 찐빵이지. 휑하니 다녀올 테니까, 내 것 좀 남겨 둬."

세라가 매점을 향해 달려갔다. 아카시아 동산에는 이지와 주노 둘만 남게 되었다. 주노는 한 손으로 두 번째 피자 조각을 잡은 채 나머지 한손으로 잡지를 넘기고 있었다. 패션잡지에서 막 튀어나온 듯한 주노의 모습을 보며 이지는 '흐규~ 미워하려야 미워할 수가 없는 남자라니까.' 하고 생각했다.

"왜 그렇게 쳐다봐?"

"!"

주노가 잡지에 시선을 박은 채 툭 내뱉자, 이지는 깜짝 놀라고 말았다. 재빨리 시선을 돌리며 이지는 더듬거렸다.

"어, 언제 봤다고 그래요?"

"방금 전까지 음흉한 눈으로 내 얼굴 보고 있었잖아."

"생사람 잡지 말아요!"

"자꾸 거짓말할래?"

주노가 갑자기 몸을 일으키더니 당황하는 이지에게 얼굴을 바짝 들이댔다. 주노의 입술은 이지의 입술에 닿을 듯 가까웠다. 이지가 엉덩이를 엉거주춤 빼며 간신히 중얼거렸다.

"왜, 왜 이래요?"

주노는 다시 거리를 좁혀왔고, 이지는 그만큼 물러나 앉았다. 하지만 좁은 돗자리 위에서 더 이상 물러설 공간은 남아 있지 않았다.

"왜 이러냐고요?"

울상이 된 이지에게 입술을 접근시킨 채 주노가 웃었다.

"너의 소원을 들어줄 테니까, 얌전히 있어 봐."

"내 소원이 뭔데요?"

주노는 대답 대신 입술을 살짝 벌렸다. 그의 입술 사이로 더운 입김이 새어나왔다. 그 달착지근한 숨 냄새를 맡은 이지는 마법의 연기를 들이마신 사람처럼 정신이 아득해졌다. 양손으로 이지의 어깨를 붙잡은 주노가 입술을 조금 더 접근시켰다. 아아……, 이러면 안 되는데…… 되는데…… 되는데……. 마침내 주노의 입술이 이지의 말랑말랑한 입술에 스쳤다.

아아, 첫 키스란 이렇게 달달한 느낌이었구나? 이지가 저항을 포기하고 스르륵 눈을 감는 순간, 날카로운 비명소리가 울려 퍼졌다.

"꺄아악! 너, 너희들 사촌끼리 뭐하는 짓이야?"

깜짝 놀라 돌아보는 이지의 눈에 콜라를 들고 입을 쩍 벌린 채 서 있는 세라가 보였다. 맙소사……, 이 상황을 대체 어떻게 변명하지? 당황스런 눈빛으로 주노를 쳐다본 이지는 또다시 멍한 표정을 짓고 말았다. 주노가 태연히 잡지를 펼치고 있었기 때문이다.

"지, 지금 뭐하는 거예요?"

세라를 잠시 버려두고 이지는 주노에게 따지듯이 물었다. 잡지에 시선을 고정시킨 채 주노가 한가하게 대답했다.

"보그에선 올 여름에 프린트셔츠와 치노 팬츠 그리고 로퍼가 유행할 거라는데……."

너무 황당해 할 말을 잃은 이지를 향해 세라가 쁘르르 달려왔다.

"두 사람 방금 키스하려고 했지? 두 사람 사촌간이 맞긴 맞는 거니?"

"정세라, 촌스럽게 왜 이래?"

주노가 짜증스럽다는 듯이 한 마디 툭 던지자 세라는 멈칫했다.

"나와 이지는 어려서부터 함께 자랐어. 세 살쯤부터 소꿉놀이 친구였는데, 늘 이지는 엄마였고 나는 아빠였지. 그리고 그 관계는 지금까지 변함이 없어."

"그러니까 선배의 말뜻은……?"

"그래, 우리는 지금도 가끔 소꿉장난을 하듯이 놀아."

"진짜 키스가 아니라 장난이었다는 뜻이에요?"

"당연하지."

하주노, 이 엉큼한 인간! 자신만만하게 고개를 끄덕이는 주노를 보며 이지는 혀를 내둘렀다. 저렇게 확신에 차서 거짓말을 하면 누군들 믿지 않을 수 있겠는가? 골똘히 생각에 잠겨 있던 세라도 결국 의심을 거두고 이렇게 말했다.

"그런 줄도 모르고 놀랐지 뭐예요. 앞으론 그런 장난하지 마세요. 모르는 사람이 보면 정말 오해하겠어요."

"아아~ 추억의 소꿉장난도 이렇게 끝이 나는가?"

사건은 대충 일단락되는 것 같았다. 주노와 세라의 눈을 피해 이지는 손가락으로 방금 남자의 입술이 스치고 지나간 아랫입술을 슬쩍 만져보았다. 여러 가지 의문들이 머릿속을 복잡하게 만들고 있었다. 주노는 자신에게 대체 왜 이러는 걸까? 단순히 장난을 치고 싶어서? 단지 그것뿐이라면 직접 입술을 부딪치진 않았을 것이다. 세상에 싫어하는 이성의 입술에 자신의 입술을 댈 바보는 없을 테니까. 그렇다면 혹시……

"주노 걔 혹시 이지 널 좋아하는 것 같지 않디?"

새삼 엄마의 말을 떠올리며 이지는 얼굴을 살짝 붉혔다.

너는 나의 히어로

"꺄아악! 이, 이건 원형탈모증?!"

주노가 나래중학교 3학년으로 편입한 지 꼭 일주일이 지난 아침, 등교 준비를 마치고 방안에서 거울을 들여다보다가 이지는 비명을 질렀다. 그나마 휴식을 취할 수 있었던 학교에서조차 주노에게 시달림을 당하자 뒤통수에 동전만 한 땜빵 자국이 생겨 버린 것이다. 어이~ 하주노! 당신이 나를 얼마나 힘들게 하고 있는지 똑똑히 알았겠지?

"헐~ 머리는 잘 감고 다니냐? 혹 기계충 같은 게 있는 건 아니고?"

하지만 이지와 나란히 현관문을 나서며 주노는 이 따위 얄미운 소리나 늘어놓고 있었다. 화가 치민 이지가 소리를 질렀다.

"기계충 같은 소리 말아요! 이게 다 선배한테 받은 스트레스 때문이라고요!"

"내가 뭘 어쨌기에?"

"지금 그걸 몰라서……?"

이지는 말을 잇지 못하고 부르르 떨었다. 학교에서 점심을 차린다는 것 자체가 매우 힘든 일이었다. 그러나 주노가 주는 스트레스는 그 정도가 아니었다. 주노는 쉬는 시간마다 툭하면 이지네 교실로 찾아와 지하 매점에 가서 볼펜을 사 오라는 둥 노트를 사 오라는 둥 심부름을 시켰다. 엘리베이터도 없는 학교 건물 맨 꼭대기 층에 있는 이지네 교실에서 지하 매점까지 달려갔다가 뛰어올라오는 것은 결코 쉬운 일이 아니었다. 게다가 땀을 뻘뻘 흘리며 가져다 주면 주노는 눈살을 찌푸리며 "뭐야? 내가 원하던 볼펜이 아니잖아?"라고 불평을 늘어놓아 다시 뛰어 내려가게 만들곤 했던 것이다.

어디 그뿐이랴? 공부에는 눈곱만큼도 관심이 없는 주노는 이지에게 과제를 대신 시키기 일쑤였고, 하교 시간이면 교문 앞에 진을 치고 있는 열성팬들을 몰아내는 일도 이지의 몫이었다.

"네가 뭔데 주노 오빠를 못 만나게 해?"

"너 오늘 우리한테 좀 맞아 봐라."

팬들에게 머리채를 잡힌 이지는 하늘이 노래지는 공포를 맛봐야 했다.

그런데 뭐? 기계추웅~? 기가 막히고 코가 막힌 이지는 주노의 얼굴을 사납게 째려보았다. 그런 이지의 불만을 아는지 모르는지 주노는 싱글벙글 웃는 얼굴이었다.

"뻔뻔스러운 인간 같으니……!"

교실의 자리에 앉은 후에도 이지는 분을 삭이지 못하고 있었다. 그런 이지의 얼굴을 세라가 이상하다는 듯이 쳐다보았다.

"이지야, 아침부터 왜 열을 내고 그래? 집에서 무슨 일 있었어?"

"아무것도 아니야."

차갑게 말하는 이지를 한동안 말없이 쳐다보던 세라가 분위기를 바꾸려는 듯 들뜬 목소리로 말했다.

"이지야, 축제에 초대할 친구들 리스트는 뽑아 놨니?"

그제야 이지는 눈을 동그랗게 뜨고 세라를 돌아보았다.

"축제라니? 무슨 축제?"

"얘 좀 봐. 사흘 후부터 학교 축제가 시작되는 것도 몰랐어? 우리 나래중학교 축제는 서울시의 모든 학생들이 초대받고 싶어 할 정도로 유명하잖니?"

"그으래……?"

이지는 심드렁한 표정을 지었다. 은둔자인 그녀에게 축제 따위가 달가울 리 없었다. 눈을 반짝이며 초대할 친구들의 리스트를 체크하는 세라와는 달리, 이지는 어떡하면 축제 기간 동안 완벽하게 숨어 지낼까 고민 중이었다. 그러나 그게 그렇게 호락호락할 것 같지가 않았다.

"그런데 이지야, 너는 뭘 내놓을 거니?"

"내놓다니? 뭘 내놔?"

"알뜰 장터에 말이야."

"알뜰…… 뭐라고?"

"나래중학교 축제의 꽃이라고 할 수 있는 알뜰 장터에 대해 모른단 말이야?

"금시초문인데."

"알뜰 장터는 일종의 자선행사야. 여학생들이 자기가 입던 옷이나 학용품 등을 장터에 내놓는데, 그럼 남학생들이 경매를 통해 이걸 사들이지. 이렇게 모인 금액은 전액 자선 단체에 기부하게 돼 있어."

"나름 뜻 깊은 행사구나."

고개를 주억이는 이지에게 얼굴을 바싹 들이밀며 세라가 히죽 웃었다.

"그런데 그게 꼭 그렇지가 않아요."

"무, 무슨 뜻이야?"

"여학생들 사이에서 이 경매가 은근 경쟁이 되거든. 누가 얼마의 기부금을 냈느냐가 자존심의 척도가 되기 때문에 점점 고가의 경매품을 내놓게 됐지. 작년 삼 학년 선배는 미국의 할아버지한테 선물 받은 이백 만원 상당의 명품 책가방을 내놓았다지 아마?"

"이, 이백만 원이라고……?!"

입을 쩍 벌리는 이지를 보며 세라는 대수롭지 않다는 듯이 웃었다.

"뭐 그 정도를 가지고 놀라고 그래? 그 기록은 곧장 삼백만 원짜리 팔찌에 의해 깨져 버렸는데."

"삼…… 삼백……, 케켁!"

너무 놀라 숨넘어가는 소리를 지르며 이지는 그 따위 경매에는 결코 참여하지 않겠다고 다짐하고 있었다. 말이 좋아 알뜰이지 이건 그야말로 사치의 향연이 아닌가. 하지만 이어진 세라의 한 마디는 이지를 절망의 구렁텅이로 밀어 넣고 말았다.

"알뜰 장터에는 나래중학교 여학생 전원이 참여해야 한다는 거 알지?"

"세, 세상에 그런 법이……?"

이지는 눈앞이 캄캄해지는 것을 느꼈다. 자신이 대체 무엇을 내놓을 수 있단 말인가? 학교에서 기죽지 말라고 엄마가 무리에 무리를 거듭해서 사 줬지만 그나마 애들이 가지고 다니는 것 중에 가장 저가에 속하는 가방? 아니면 인터넷에서 반의 반 값을 주고 구입한, 가짜일 확률이 99%인 운동화? 그도 아니면 지하 매점에서 한 자루에 천 원씩 주고 산 볼펜? 아, 이놈의 학교는 대체 왜 사람을 가만히 두지 않는 건데? 비명이라도 지르고 싶은 것을 꾹 참고 있는 이지를 세라가 이상하다는 듯이 쳐다보았다.

예정된 날짜에 어김없이 시작된 축제는 벌써 나흘째를 맞이하고 있었다.

전날 밤 늦게까지 잠을 설친 이지는 눈이 금붕어처럼 통통 부은 채 학교로 왔다. 오늘부터 바로 그 알뜰 장터가 시작되는 것이다. 그동안 요리조리 잘 피하며 별 무리 없이 축제를 즐겼지만, 오늘만은 순순히 빠져나갈 수가 없는 것이다.

"조금 있다 알뜰 장터에서 보자."

남의 속도 모르고 멋들어지게 웃으며 걸어가는 주노를 째려보며 이지는 불룩한 가방을 쓰다듬었다. 가방 안에는 이지가 잠을 설치며 준비한 경매물품이 들어 있었다. 고민에 고민을 거듭한 끝에 그녀는 예전에 아버지의 사업이 제법 잘될 때 생일선물로 받은 청바지를 내놓기로 결심했다. 잘은 모르지만 최소 삼, 사십 만원은 줘야 구입할 수 있는 명품이라고 했다. 그래서 이지는 한동안 그 청바지만 입고 다녔다. 아닌 게 아니라 명품이라 그런지 다리에 착 달라붙는 촉감이 좋았다.

하지만 그녀가 가지고 있는 거의 유일한 명품인 청바지는 매우 낡은데다가 무릎 부분이 길게 찢어져 있었다. 그녀는 지난밤에 찢긴 부위에 천을 대고 꼼꼼하게 꿰매었다. 빈티지룩이라고 해서 일부러 찢어서도 입는데, 뭐. 어차피 이것 말고는 내놓을 만한 물건도 없었다.

"이지, 왔구나?"

부르는 소리에 돌아보니 세라가 반갑게 손을 흔들며 오고 있었다. 세라는 양손에 큼직한 쇼핑백을 두 개나 들고 있었다. 이지가 백을 가리키며 물었다.

"이게 다 뭐야?"

"알뜰 장터에 내놓을 만한 물건 좀 챙겨왔지."

"뭐가 이렇게 많아?"

"뭐, 별건 아니야."

하지만 세라가 보여준 물건들은 별거 아닌 게 아니었다. 세라가 첫 번째로 보여준 것은 명품 구두였다. 아버지가 프랑스에 출장 갔다가 사다 주셨다는 구두는 평소 명품 따위엔 관심이 없는 이지조차 잘 아는 메이커로 지금 당장 인터넷에 내놓아도 수십만 원은 받을 수 있을 것이었다. 이외에도 세라는 가방, 셔츠, 시계와 액세서리까지 이지로선 상상조차 할 수 없는 고가품들을 챙겨 왔다. 아……, 세라는 역시 나와 사는 세계가 다르구나. 평소 털털해서 잊고 지냈는데, 세라 역시 로열패밀리 중 한 명이었던 것이다.

점심시간이 끝나자마자 바로 알뜰 장터가 시작되었다. 운동장 한복판에 콘서트장처럼 무대가 세워지고 그 앞에 재학생들이 구름처럼 몰려들었다. 저 무대 위에 일 학년부터 삼 학년까지 여학생 전원이 한 명씩 올라가 자신이 기증할 물건을 경매에 내놓는 것이다. 경매는 축제 중 가장 큰 행사였기 때문에 관심 또한 대단했다. 번호표를 하나씩 들고 거의 대부분 참석한 남학생들이 증거라고 할 수 있었다. 그들은 이 번호표를 들고 지불할 금액을 외치는 것이다. 물론 경매품은 가장 높은 금액을 부른 남학생의 차지가 된다.
"넌 뭘 가지고 나왔니?"
"얼마 전에 고모한테 선물 받은 시계야. 그러는 넌?"
"난 별거 아니야. 작년에 홍콩에서 구입한 가방."
무대 뒤에서 대기 중인 여학생들은 자신들이 가지고 나온 물건과 친구들의 물건을 비교하며 수다를 떨고 있었다. 그런 여학생들 틈에 세라와 나란히 선 이지는 그들 사이에 흐르는 묘한 긴장감을 느낄 수가 있었다.

이 아이들은 자기 물건에 대한 경매를 자신에 대한 평가쯤으로 여기고 있었다. 유치하기 짝이 없다고 생각하면서도 이지는 굉장한 부담감을 느꼈다. 원하든 원하지 않든 그녀는 진작 재활용품 부스에 들어갔어야 마땅한 찢어진 청바지를 들고 무대 위로 올라가 얼굴도 잘 모르는 남학생들의 처참한 평가를 견뎌야 하는 것이다. 그 끔찍한 시간이 제발 빨리 지나가 주기를 바랄 뿐이었다.

"1학년 6반의 정세라 양이 내놓은 다섯 점의 경매품이 모두 48만 원에 낙찰되었습니다!"

짝짝짝짝!

경매의 진행을 맡은 삼학년 선배가 낙찰을 선언하자 여기저기서 박수가 터져 나왔다. 세라가 내놓은 경매품의 낙찰가는 일 학년을 통틀어 삼위를 기록했던 것이다.

"같은 반의 윤이지 양 무대로 나와 주세요."

"예…… 예……?"

갑자기 자신의 이름이 불리자 이지는 흠칫 놀랐다.

"윤이지 양, 나와 달라고요."

"……."

너무 당황한 나머지 이지는 마네킹처럼 멍하니 서 있었다. 세라가 옆구리를 쿡 찔렀다.

"윤이지, 정신 차려!"

"응? 아, 알았어."

덕분에 간신히 정신을 차린 이지가 가방을 든 채 무대 위로 올라갔다. 창백한 이지의 얼굴을 세라가 걱정스럽게 바라보았다.

"오늘 이지가 조금 이상하네?"

무대 위로 올라간 이지는 열을 맞춰 의자에 앉아 있는 수많은 남학생들을 둘러보았다. 호기심으로 반짝이는 수십, 수백 개의 눈동자가 그녀를 주시하고 있었다. 생각해보면 저런 눈빛을 피하려고 지난 몇 달간 열심히 노력해 왔다. 그러나 어떤 사람에게나 회피할 수 있는 공간은 한정되어 있는 법. 언젠가는 막다른 벽에 가로막혀 모든 비밀을 드러낸 민낯으로 돌아설 수밖에 없는 것이다.

"윤이지 양, 경매에 내놓을 물건을 보여 주시죠?"

진행자의 목소리에 상념에 잠겨 있던 이지는 퍼뜩 정신을 차렸다. 이제는 아예 될 대로 되라지, 하는 심정으로 이지는 가방에서 청바지를 꺼냈다.

"아, 이지 양이 청바지를 내놓았군요!"

진행자가 이지를 가리키며 외쳤다. 이지가 완전히 펼쳐든 청바지를 바라보는 남학생들 사이에서 웅성거리는 소리가 들려오기 시작했다. 몇몇 남학생들은 킥킥거리며 청바지를 가리켰고, 또 몇몇은 황당하다는 표정으로 숙덕거리고 있었다. 그럴 수밖에 없는 것이 이지가 펼쳐든 것은 청바지라 부르기에도 민망한 상태였다. 오히려 낡고 헤진 천 조각이라 부르는 게 정확할 것이다.

'쟤가 미쳤나? 대저택에 살고, 톱스타 주노 선배와 친척이라는 아이가 왜 저런 걸 들고 나왔지?'

황당하기는 세라도 마찬가지였다.

주변이 점점 소란스러워지자 진행자가 재빨리 경매를 진행시켰다.

"자, 그럼 경매를 시작해볼까요? 최소 경매 가는······"

여기서 진행자는 잠시 말을 멈추었다. 지금까지는 최소 경매가 대부분 만 원에서 시작되었다. 그러나 이지가 내민 저 헝겊쪼가리는 도저히 같은 금액을 붙일 수가 없었다. 결국 진행자는 팔을 번쩍 쳐들며 내뱉듯이 소리치고 말았다.

"최소 경매 가는 천 원부터 시작하겠습니다!"

남학생들 사이에서 왁자한 웃음이 터져 나왔다.

"우하하하! 천 원이란다, 천 원!"

"고작 천 원으로 뭘 하겠다는 거야?"

"알뜰장터 사상 최소의 경매 금액이다!"

이를 악물고 버티고 있었지만 이지는 얼굴이 벌겋게 달아오르는 것만은 막을 수가 없었다. 이대로 청바지를 집어던지고 도망칠까도 생각해 봤지만 불가능한 일이었다. 그랬다간 전교생의 화젯거리가 될 게 뻔했고, 주노의 친척으로 대저택에 산다는 사실까지 의심받게 될 것이다. 이지로선 모멸감을 견디며 자신의 분신 같은 청바지를 들고 있을 수밖에 없었다. 시간이 매우 느리게 흘렀다. 남학생들 중 누구도 번호표를 들지 않았다.

"천백 원!"

한참만에야 같은 반 남학생 하나가 번호표를 번쩍 쳐들었다. 남학생들 사이에서 다시 한 번 웃음이 터졌다. 그때부터 다른 녀석들이 경쟁적으로 번호표를 쳐들며 외쳤다.

"그럼 난 천이백 원!"

"천삼백!"

"천사백!"

"에잇! 천오백 원이닷!"

이건 고문이 따로 없군. 참기 힘든 모욕감을 견디느라 이지는 피가 나도록 입술을 깨물어야 했다.

"십만 원!"

치기 어린 남학생들의 목소리를 뚫고 우렁찬 고함이 들려온 것은 그때였다.

"뭐, 뭐라고?"

"저런 허접한 청바지가 십만 원?"

"어떤 정신 나간 녀석이야?"

이지를 놀리던 녀석들이 눈을 둥그렇게 뜨고 소리가 나는 쪽을 돌아보았다. 한쪽 다리를 꼬고 거만하게 앉아 있는 남학생을 발견하는 순간, 녀석들은 꿀 먹은 벙어리가 되고 말았다. 상대를 깔보는 듯한 미소를 머금은 채 번호표를 슬쩍 들고 있는 남학생이 다름 아닌 주노였기 때문이다. 번호표의 주인공이 주노가 아닌 다른 아이였다면 틀

림없이 엄청난 비웃음을 감당해야 했을 것이다. 태연히 번호표를 흔드는 주노를 한동안 멍하니 바라보던 남학생들의 시선이 무대 위에 반쯤 넋을 놓은 채 서 있는 진행자에게로 쏠렸다. 진행자가 자신 없는 목소리로 선언했다.

"시, 십만 원 나왔습니다!"

이지도 놀란 눈으로 주노를 보았다. 이지의 머릿속에 다시 의문 부호들이 연달아 떠올랐다. 대체 왜? 왜? 혹시 내 체면을 세워 주려고? 이지는 저도 모르게 고개를 홱홱 저었다. 하주노는 그렇게 친절한 주인이 아닌 것이다. 실타래가 엉킨 듯 머릿속이 복잡했지만 이지는 더 이상 생각을 이어갈 수가 없었다. 누군가 이렇게 고함쳤기 때문이다.

"십오만 원!"

엥? 이건 또 무슨 소리람? 눈을 동그랗게 뜨고 바라보는 이지의 눈에 주노의 한참 뒤쪽에서 번호표를 들고 있는 남학생이 보였다. 뉴욕 양키스 로고가 선명한 야구 모자를 깊숙이 눌러쓰고 있어서 얼굴은 알아볼 수 없었지만 주노 못지않게 우월한 몸매로 한쪽 다리를 꼬고 앉은 소년이었다. 다리가 어찌나 긴지 하반신이 상반신의 두 배는 됨 직했다. 남학생들의 시선이 야구 모자에게 집중되었다. 주노도 신경이 쓰이는지 힐끗 돌아보았다. 그리고 생각에 잠긴 얼굴로 한참 동안 지그시 바라보았다.

어리둥절해 하던 진행자가 팔을 번쩍 쳐들며 소리쳤다.

"시, 십오만 원 나왔습니다! 최고급 명품 청바지가 십오만 원! 더 부르실 분 없습니까?"

이지는 이쯤에서 경매가 끝나기를 진심으로 바랐다. 하지만 주노는 그럴 생각이 없는 것 같았다.

"이십만 원."

"이십오만 원."

주노가 번호표를 들어올리기 무섭게 야구 모자도 따라서 들었다.

"쟤 누구니?"

"얼굴이 보여야 알지."

"대체 왜 저런 헝겊쪼가리에 거금을 내겠다는 거야?"

"내가 보기엔 일종의 자존심 싸움 같은데?"

남학생들이 흥미진진한 눈으로 주노와 야구 모자를 번갈아 쳐다보며 웅성거렸다. 야구 모자는 어떤지 모르겠지만 이지가 보기에 주노는 침착했다. 야구 모자가 도발하거나 말거나 자신의 계획에 따라 착착 번호표를 들어 올리는 듯이 보였다.

"삼십만 원!"

야구 모자도 곧장 반격했다.

"삼십오만 원!"

"우와아~!"

남학생들 사이에서 다시 함성이 터져 나왔다. 주노는 잠시 무언가 생각하는 것 같더니, 번호표를 천천히 들어올렸다.

"백만 원……!"

"허걱!"

이지의 입이 쩍 벌어졌다. 진행자도, 차례를 기다리는 여학생들도, 번호표를 들고 있는 남학생들까지 약속이라도 한 듯 입을 벌렸다. 오직 단 한 사람, 주노만은 태연한 얼굴로 이지를 빤히 보고 있었다. 선배, 내가 심장마비로 쓰러지는 걸 꼭 보고 싶어요? 주노와 눈을 마주친 채 이지는 울상을 지어 보였다.

진행자도 믿기지 않는 듯 주노를 향해 확인했다.

"바, 방금 백만 원이라고 하신 거 맞나요?"

주노가 태연히 고개를 까닥했다.

"맞아."

"하하…… 백만 원 나왔습니다, 백만 원! 자, 더 이상 부를 분 안 계십니까?"

이제 모두의 시선은 야구 모자에게로 쏠렸다. 고개를 푹 숙인 채 한동안 고민하던 야구 모자가 마침내 고개를 설레설레 흔들었다.

"후우우~."

동시에 여기저기서 안도의 한숨이 새어나왔다. 이지도 어깨를 축 늘어뜨리며 깊은 숨을 몰아쉬었다.

이 황당한 상황에서 최대한 빨리 벗어나고 싶은 진행자가 팔을 번쩍 쳐들며 선언했다.

"윤이지 양의 명품 청바지는 백만 원에 낙찰되었습니다!"

무대를 에워싼 학생들의 환호성과 박수소리가 울려 퍼졌다. 최고 경매 가가 깨지는 순간이었다. 그러나 이지의 귀에는 아무 소리도 들리지 않았다. 그녀는 멍한 표정으로 환호하는 학생들 사이에서 천천히 일어서는 주노를 보고 있었다. 서둘러 경매장을 떠나는 야구 모자의 뒷모습도 보였다. 마음속에 여러 개의 의문부호를 동시에 떠올린 이지의 눈에 야구 모자를 급히 쫓아가는 주노가 보였다. 또 왜 저러지?

"어이~ 거기 서!"
막 경매장을 빠져나가는 야구 모자를 주노가 불러 세웠다. 주노는 우뚝 걸음을 멈춘 야구 모자의 바로 뒤에 섰다. 결코 돌아서지 않겠다는 듯 서 있는 야구 모자의 완고한 등을 쳐다보던 주노가 툭 내뱉었다.
"오랜만이다, 필립?"
순간 야구 모자의 등이 움찔했다. 한동안 가늘게 떨고 있던 그가 주노를 향해 천천히 돌아섰다. 그리고 주노의 얼굴을 도전적으로 쳐다보며 천천히 모자를 벗었다. 마침내 오후의 눈부신 햇살 아래 조각처럼 잘생긴 얼굴이 드러났다. 유난히 흰 피부에 파란빛이 은은히 감도는 눈동자를 가진 주노 또래의 남자아이는 혼혈로 보였다. 이 아이만 놓고 본다면 혼혈은 대부분 우성이라는 세간의 평가는 정확한 이론으로 인정받을 만하다.
그의 이름은 이필립. 주노와는 또 다른 부드러운 매력을 풍기는 필립은 주노의 갑작스런 변덕에 의해 일 년 전 갑자기 해산된 3P의 멤버 중 한 명이었다.

자신을 쏘아보는 필립과 시선을 마주하고 있다가 주노는 태연히 말했다.

"호주에서 작곡 공부 중이라고 들었는데?"

"한 달 전에 들어왔어. 외국 생활에 적응 못 해서 고생 좀 했지."

"흐음……."

고개를 주억이던 주노가 대수롭지 않다는 듯이 물었다.

"방금 전 경매에서 날 도발한 건 3P 해산에 대한 원망 때문이냐?"

"아니라면 거짓말이겠지."

"역시 그랬군."

별로 놀라지도 않는 주노를 가리키며 필립이 따지듯이 말했다.

"너의 그 제멋대로인 성격 때문에 나는 씻을 수 없는 상처를 받았어. 이제라도 그 보상을 받고 싶다면 지나친 요구일까?"

손가락으로 턱을 긁적이며 주노는 남의 일처럼 대답했다.

"아니, 전혀 지나치지 않아. 그러니까 너 하고 싶은 대로 얼마든지 하도록. 어쨌든 만나서 반가웠다."

장난스럽게 손을 흔들며 돌아서는 주노를 사납게 노려보며 필립이 소리쳤다.

"그 이지라는 아이 내가 빼앗아 주겠어!"

"뭐?"

주노가 걸음을 멈추고 필립을 돌아보았다.

"방금 뭐라고 했지?"

"이지를 빼앗아 주겠다고. 그게 친구들을 배신한 너에 대한 최소한의 응징이 될 테니까."

"……"

마치 잘 못 알아들은 듯 멍한 눈으로 필립을 보다가, 주노는 피식 웃으며 돌아섰다.

"마음대로. 하지만 그 아이를 빼앗긴다고 해서 내가 슬퍼할 거라고 확신하지는 마라."

"……."

다시 경매장으로 들어가는 주노의 뒷등을 필립은 뚫어져라 보고 있었다. 필립이 확신에 찬 표정으로 중얼거렸다.

"내 눈은 못 속여, 하주노. 네가 별 상관도 없는 여자애를 위해 이런 유치한 경매에 뛰어들 녀석은 아니잖아?"

"주노 선배, 멋지지 않니? 이지 널 단숨에 신데렐라로 만들었어."

얼떨떨한 표정으로 무대에서 내려온 이지에게 다가와 세라는 호들갑을 떨었다. 하지만 이지는 여전히 혼란스러운 상태였다. 정말 그런 건가? 그가 볼품없는 청바지 때문에 망신당할 뻔한 나를 구해준 것인가? 어쨌든 한 가지만은 분명해 보였다. 이지의 눈에도 주노가 멋있어 보인다는 사실 말이다. 이래서 여자들은 그토록 백마 탄 왕자님을 기다리는 것인지도…….

축제가 끝난 후

"윤이지, 나 방금 결심했어."

결연한 표정으로 말하는 세라의 얼굴을 이지가 불안한 듯 돌아보았다.

"뭘 결심했는데?"

"하주노를 내 남친으로 만들기로!"

"……!"

충격을 제대로 받은 이지를 향해 세라가 씨익 웃었다.

"나의 절친 이지야, 도와줄 거지?"

한동안 딱딱하게 굳어 있다가 이지는 간신히 고개를 끄덕였다.

"무, 물론이지."

"어이~ 윤이지."

부르는 소리에 돌아보니, 주노가 다가오고 있었다. 세라가 손뼉을 짝짝 마주치며 선배를 맞았다.

"어쩜 선배! 오늘 너무 멋졌어요!"

그런 세라를 깨끗이 무시하고 주노는 이지를 향해 말했다.

"축제 마지막 날인 내일 우리 집에서 파티를 열자."

"뭘 열어요?"

"파티 말이야. 실은 내일이 내 생일이거든. 그러니까 내일 축제가 끝나고, 저녁 여섯 시부터 저택에서 파티를 열자고."

멍한 이지 대신 세라가 먼저 호들갑스럽게 반응했다.

"꺄아~ 파티 좋아요! 그럼 제가 선배의 파트너가 되는 건가요?"

"네가 왜 내 파트너가 돼?"

"제가 아니면 누가 선배의 파트너인데요?"

주노가 당연하다는 듯 손가락으로 이지의 얼굴을 가리켰다. 이지와 세라가 황당한 눈으로 서로의 얼굴을 보았다. 세라가 주노에게 항의했다.

"하지만 이지는 선배의 사촌 동생이잖아요."

"사촌 동생은 파트너 삼지 말라는 법 있어?"

"그, 그건 아니지만 누가 봐도 이상하잖아요."

"무식한 소리하지 마. 아메리카에선 친척이나 여동생 심지어 어머니를 파트너로 데려가기도 한다고."

"그, 그래요?"

주노가 이렇게 주장하니 세라도 고개를 끄덕일 수밖에 없었다. 뿌루퉁해진 세라가 이지를 돌아보며 퉁명스럽게 말했다.

"이지는 좋겠구나."

"사촌 오빠 파트너가 되는 게 뭐가 좋다고?"

주노가 이지에게 강조했다.

"어쨌든 내일은 호텔에서 요리사도 부르고 이벤트업체 직원들도 부를 거니까 옷차림에도 신경 쓰도록 해. 특히 이지는 너무 털털하게 입지 말고. 알았지?"

흐규~ 대체 왜 자꾸 일을 만드세요, 사고뭉치 선배님. 혼자 신바람이 난 주노의 얼굴을 바라보며 이지는 나직이 한숨을 쉬었다.

다음 날 오후, 말도 많고 탈도 많았던 축제가 끝나자마자 이지는 다세대주택 원룸으로 뛰어갔다.

"어이구~ 우리 딸이 오랜만에 왔구나!"

반갑게 맞이하는 엄마를 스쳐 들어가며 이지는 급히 말했다.

"엄마, 파티복이 필요해. 지금 당장."

"파, 파티복이라니?"

주노의 집에서 파티가 있을 거라고 설명한 그때부터 이지는 엄마와 함께 온 집안을 발칵 뒤집어놓았다. 아빠가 바둑판에서 얼굴을 들고 아직도 풀지 않고 쌓아 놓은 트렁크들을 차례로 꺼내는 이지와 엄마를 멍하니 바라보았다.

"안 돼! 안 돼! 이 옷도 안 되겠어!"

새로운 트렁크를 열 때마다 이지의 표정은 점점 절망적으로 변했다. 애당초 이지의 집에서 파티복 같은 게 나올 리 없었다. 이지와 나란히 앉은 엄마도 아쉬운 표정이었다.

"내가 보기에 주노란 녀석이 너한테 관심이 있는 게 분명해. 이번 파티가 매우 중요하다는 말이지. 그런데 변변한 옷 한 벌이 없으니……."

엄마가 괜히 아빠를 찌릿 째려보았다. 뜨끔해진 아빠가 바둑판을 향해 재빨리 고개를 숙였다. 이지는 괜스레 미안해져 자리를 털고 일어섰다.

"괜찮아, 엄마. 그냥 교복을 입고 갈래."

엄마는 펄쩍 뛰었다.

"얘가 무슨 소리를 하는 거야? 너, 살면서 이런 기회가 자주 오는 줄 알아? 기회는 왔을 때 꽉 잡아야 한다고 엄마가 얘기했지? 잠깐만 기다려 봐."

엄마가 비장한 표정으로 먼지가 뽀얗게 쌓인 마지막 트렁크를 끄집어냈다. 트렁크 안에서 엄마가 구닥다리 반짝이 드레스를 꺼내들었다.

"이건 어때?"

"그, 글쎄……"

이지는 선뜻 대답하지 못했다. 파티용 드레스는 분명한데, 너무 유행에 뒤처진 것 같았다. 더구나 쇄골이 훤히 드러날 정도로 앞부분이 파인 성인용이 아닌가. 흐음, 이거 어디서 많이 보던 의상인데? 곰곰이 생각하다가 이지는 손가락을 따악 튕겼다. 아, TV 드라마에 나오는 밤무대 의상!

땅이 꺼져라 한숨을 내쉬는 이지를 향해 엄마가 쑥스럽게 웃었다.

"실은 엄마가 결혼식 피로연 때 입었던 드레스야. 유행에 살짝 뒤처

졌지만 요즘 복고풍이 유행이잖니? 무엇보다 당장은 더 좋은 걸 구할 수 없으니 급한 대로 입기로 하자, 응?"

"……."

이지는 찜찜한 표정으로 고개를 끄덕였다.

"뷔페 음식은 거실 한복판에 차려 주세요! 모니터는 입구와 창가 쪽에 하나씩 설치해 주고요! 천장의 풍선 장식은 아직 멀었나요? 케이크도 좀 부족한 것 같은데?"

그 시간, 주노도 정신없이 바빴다. 파티장인 일층 거실의 인테리어를 체크하고, 음식까지 챙기느라 정신이 하나도 없었다. 그 와중에도 그는 가끔 손목시계를 들여다 보았다. 오늘 파티에서 가장 중요한 손님이 곧 도착할 시간이 되었기 때문이다.

"휴우~ 이 정도면 대충 준비는 끝난 셈인가?"

소파에 주저앉으며 주노는 숨을 몰아쉬었다. 정면 널찍한 창을 통해 오후의 햇살이 환하게 스며들고 있었다. 저 생기 있는 햇살이 꼭 누군가를 닮았다고 생각하며 주노는 이지의 얼굴을 떠올렸다. 너덜너덜해진 청바지를 경매품이랍시고 내놓고 서 있던 어벙한 모습을.

"고거 놀려먹는 재미가 제법이란 말씀이야."

주노가 미소를 짓고 있을 때 핸드폰이 부우우 진동했다. 전화를 받는 주노의 안색이 환해졌다.

"아…… 엄마 어디야? 벌써 공항에 도착한 거야?"

스마트폰을 통해 들려오는 엄마의 목소리는 굉장히 피곤하게 느껴졌다.

"주노야, 미안하구나. 회사에 급한 일이 생겨서 엄마가 이번 네 생일에는 참석 못할 것 같아. 대신 항공편으로 네가 갖고 싶어 한 최신 태블릿PC 보내 놨으니……."

주노가 차갑게 말을 끊었다.

"그러니까 아직 프랑스에 있다는 말이지?"

"그, 그래. 이번 파리 컬렉션에 나갈 신상품에 큰 하자가 발견돼서……."

"알았어, 끊어."

"주노야! 주노야!"

엄마의 다급한 목소리가 흘러나오는 핸드폰을 주노가 바닥에 팽개쳤다. 퍼억 하는 소리와 함께 그것이 박살났다. 거실을 바삐 오가던 이벤트 업체 직원들과 요리사들이 눈을 둥그렇게 뜨고 주노를 돌아보았다. 주노가 만사 귀찮다는 듯이 손을 휘휘 저었다.

"파티는 끝났어. 다 나가요."

"……"

어찌할 바를 모르고 엉거주춤 서 있는 사람들을 향해 주노가 버럭 고함쳤다.

"나가라는 소리 안 들려? 겟 아웃!"

거실을 가득 채우고 일을 하던 사람들이 우르르 거실을 빠져나갔다. 주노는 텅 빈 거실을 둥둥 떠다니는 풍선을 노려보며 거친 숨을 헐떡였다.

"절대로 용서 못해…… 절대로……."

잠시 후, 주노의 저택 현관문 앞에서 이지는 숨을 크게 들이마시고 있었다. 아무래도 바닥에 질질 끌리는 성인용 반짝이 드레스가 마음에 걸렸다. 특히나 깊게 파인 가슴 부분은 이지의 신경을 예민하게 만들었다. 하지만 여기까지 와서 돌아설 수도 없는 노릇이었다. 또 돌아선다고 해도 더 나은 옷을 구할 방법도 없었다. 이지는 결국 마음을 다잡으며 현관 문고리를 잡았다.

"어라?"

문을 열고 들어가다가 이지는 멈칫했다. 손님들로 북적일 줄 알았던 거실은 썰렁했다. 반쯤 차리다 만 뷔페 테이블이 덩그러니 놓여 있었고, 주인 잃은 풍선들이 그 위를 둥둥 떠다니고 있었다.

주노는 창가 쪽 소파에 혼자 앉아 있었다. 널찍한 창을 통해 어두워진 하늘의 마지막 빛이 스며들고 있었다. 쇠락한 빛 속에서 소파 깊숙이 몸을 묻은 주노의 모습은 꼭 가을나무처럼 보였다. 이지가 불안한 얼굴로 거실로 올라섰다. 그리고 주노를 향해 소리 죽여 다가갔다.

"선배……, 파티는 어떻게 된 거예요?"

주노가 천천히 고개를 들어 이지를 보았다. 그의 눈빛이 너무 낯설게 느껴져 이지는 깜짝 놀랐다. 그는 몹시 슬프거나 혹은 화가 나 있는 듯했다. 혹은 자신의 힘으론 도저히 어찌할 수 없는 상황에 부딪쳐 절망하고 있는 것처럼 보이기도 했다. 이지를 조용히 응시하던 주노

의 입가에 흐릿한 비웃음이 걸렸다.

"너……, 그 꼬라지는 대체 뭐냐?"

"예?"

"천박한 아줌마 같은 차림이잖아? 싸구려 카바레 같은 곳에 가면 딱 어울리겠다만."

잔인하게 웃는 주노를 멍하니 보다가 이지가 고개를 푹 떨구었다.

"실은 여기 입고 올 만한 게 없어서 엄마 드레스를 빌려 입었어요. 그래서……."

주노가 차갑게 말을 잘랐다.

"이래서 서민들은 상대하기 피곤하다니까. 다들 우리를 사촌으로 알고 있는데, 네가 그런 천박한 몰골로 나타나면 뭐라고 하겠어? 파티를 취소했기에 망정이지, 원."

"……."

이지는 입술을 지그시 깨물며 주노를 보았다. 자신이 형편없는 차림이란 건 충분히 알고 있다. 그리고 이렇게 차려입을 수밖에 없는 처지가 부끄럽기도 하다. 하지만 억울한 마음이 드는 것도 사실이었다. 몇 번씩이나 예쁘게 차려 입고 오라며 바람을 넣은 장본인은 바로 주노가 아닌가. 이지는 거리를 걷다가 갑자기 뺨을 얻어맞은 기분이었다.

"선배 기분이 별로인 것 같네요. 오늘은 집으로 돌아가고, 내일 일찍 올게요."

억울한 감정을 억누르며 돌아서는 이지의 등 뒤에서 주노의 비아냥거림이 들려왔다.

"너도 너지만 네 엄마도 참 생각이 없으시다. 어떻게 그런 밤무대 의상을 중딩 딸한테 입힐 생각을 하셨다니?"

주노의 입에서 엄마에 대한 험담이 나오는 순간, 이지는 참았던 분노가 빵 터지고 말았다. 척추를 타고 무언가 뜨거운 덩어리가 치미는가 싶더니 머릿속에서 하얗게 폭발했다. 주노를 향해 홱 돌아서며 이지가 고함을 질렀다.

"야, 이 재수 없는 자식아!"

"!"

"그래, 우리 부모님 가난하다! 그래서 나한테 이런 옷 밖에는 입혀 주지 못하신다! 하지만 날 세상에 태어나게 해 주고, 이만큼 키워 주신 분들이야!"

눈앞이 뿌예짐을 느끼며 이지는 눈물을 참으려 어금니를 깨물었다.

"그런데 네가 뭔데 함부로 모욕해? 너랑은 끝이야! 선불로 받은 월급 며칠 내로 돌려줄 테니, 잘 먹고 잘 살아라!"

쾅!

현관문이 부서질 듯 닫혔다. 굳게 닫힌 현관문을 주노는 뚫어져라 쳐다보았다.

"내가 방금 무슨 짓을 한 거지……?"

주노의 입에서 신음이 새어나왔다. 저 어린 메이드에겐 분명 엄마를 떠올리게 하는 무언가가 있었다. 그리고 그 무언가가 엄마를 향한 분노를 이지에게 쏟아 붓게 만들었던 것이다. 주노가 자리를 박차고 일어섰다.

"윤이지, 기다려!"

신호등이 파란색으로 바뀌자 이지는 행인들에 섞여 횡단보도를 건너기 시작했다. 이지의 눈에서는 쉴 새 없이 눈물이 흐르고 있었다. 저택을 빠져나오자마자 터져 버린 눈물은 도무지 멈출 줄을 몰랐다.

"참새~ 짹짹!"

"오리~ 꽥꽥!"

선생님을 따라 횡단보도를 건너던 노란 원복의 유치원생들이 눈물범벅이 된 이지를 의아한 듯 돌아보았다. 이지는 서둘러 눈물을 훔치며 억지로 미소를 지어 보였다.

"윤이지!"

주노의 목소리가 들려온 것은 그때였다. 놀라 돌아서는 이지의 눈에 횡단보도를 헐레벌떡 건너 오는 주노의 모습이 들어왔다. 이지의 안색이 돌처럼 굳어졌다. 이지가 주노를 피해 뛰기 시작했다.

"잠깐 서 봐! 할 말이 있단 말이야!"

하지만 주노에게 곧 팔이 잡히고 말았다. 이지가 주노의 손을 뿌리치려 팔을 마구 흔들었다. 하지만 그는 결코 놓아주지 않았다.

"아까는 내가 심했어. 사과할 테니까 그만 화 풀어라."

하지만 이지의 얼굴은 싸늘하기만 했다.

"이 손 놓으세요."

"내가 사과한다잖아. 내가 아무한테나 사과하는 사람인 줄 알아?"

"놓으라고 했잖아!"

이지가 기어이 주노의 손을 뿌리쳤다.

"로열 중의 로열인 선배가 사과씩이나 했으니, 서민인 나는 감지덕지 받아들여야 한다는 건가요?"

"그런 뜻이 아니라……."

"됐어요. 어차피 다시 볼 사이도 아니니, 자존심 상하게 사과 같은 거 하지 말아요. 더 이상 할 말 없으면 가겠어요."

돌아서는 이지의 등을 주노가 난감한 듯 보았다. 왠지 일이 점점 꼬인다고 생각하며 주노는 다시 이지의 팔을 잡았다.

"야, 그러지 말고……."

"놓으라고 했죠?"

소리를 지르려다 말고 이지는 멈칫했다. 방금 전 자신을 스쳐간 유치원생들이 길 건너편에서 팔을 막 흔들고 있는 게 보였기 때문이다.

"언니, 빨리 건너 와! 빨리!"

"신호등이 바뀌었다고!"

빠아앙——!

날카로운 경적이 고막을 울린 것은 그때였다. 이지는 황급히 고개를 돌렸다. 커다란 시내버스 한 대가 당장이라도 자신들을 짓뭉갤 듯이 달려드는 게 보였다.

끼이이익——!

타이어 끌리는 소리가 불길하게 울려 퍼졌다. 아…… 하주노라는 금딱지 때문에 내가 이렇게 최후를 맞는구나. 엄마, 아빠 저 먼저 가요. 이지는 눈을 질끈 감아 버렸다.

같은 시간, 주노의 저택 이층 이지의 침대 위에 놓여 있던 '세기의 로맨스' 책에서 눈부신 광채가 새어나오기 시작했다. 초여름 바다를 연상시키는 파란빛이 아지랑이처럼 가닥가닥 피어오르는가 싶더니,

이내 방안을 가득 채웠다.

　한편, 비명도 지르지 못하고 눈을 감고 있는 이지에게서도 파란빛이 일렁이고 있었다. 마치 물결치듯 이지의 몸을 천천히 휘감던 빛이 어느 순간 폭죽처럼 눈이 부시게 폭발했다. 동시에 이지는 물론 주노까지 빛 속에 완전히 파묻혀 버렸다.

무굴 제국의 왕자 쿠람과의 만남

　이지는 눈을 감고 있었다. 그리고 곧 자신에게 가해질 강력한 충격과 끔찍한 고통을 숨죽인 채 기다렸다. 하지만 아무리 기다려도 아무것도 느껴지지 않았다. 그리고 보니 주위가 너무 고요했다. 자동차의 경적 소리도, 타이어 끌리는 소리도 들려오지 않았다.
　이지는 천천히 눈을 떴다. 그리고 자신이 어느 좁고 어둑한 방안에 쪼그린 채 앉아 있음을 알게 되었다. 아마도 한밤중인 것 같았다. 방금 전까지만 해도 분명 주노와 횡단보도 한복판에 서 있었는데, 신기한 일이 아닐 수 없었다.
　"설마 또……?"
　지난 번 중세 영국으로 떨어졌을 때와 비슷한 상황이었던 것이다. 혹시 하는 마음으로 방안을 둘러보다가 이지는 소스라치게 놀라고 말았다. 바로 옆에 인도의 궁녀 복장을 한, 자신보다 두세 살쯤 많아 보이는 여자아이가 앉아 있었기 때문이다.

"쉬잇!"

비명을 지르려는 이지의 입을 손바닥으로 틀어막으며 여자아이는 천천히 고개를 저었다. 이지는 겁에 질린 눈으로 까무잡잡한 여자아이의 얼굴을 들여다보았다. 순간, 이지는 여자아이의 얼굴이 굉장히 낯익다는 생각이 들었다. 이지의 머리 위로 한 남자의 얼굴이 떠올랐다. 지난번 영국으로 떨어졌을 때 만난 헨리 8세였다. 지금 눈앞에서 미간을 잔뜩 찌푸린 인도 소녀 역시 헨리 8세처럼 주노를 쏙 빼닮아 있었다. 차이가 있다면 그때는 남자였지만 지금은 여자라는 정도랄까.

자세히 보니, 여자아이와 함께 앉아 있는 곳은 방이 아니라 벽장 안이었다. 바느질을 하지 않은 긴 천을 몸에 둘러 입는 사리Sari와 긴 셔츠 형태의 까미즈Kamiz, 헐렁한 바지형태의 살와르Salwar 등 인도 귀족 여성들의 전통 의상이 줄줄이 걸려 있었다.

이지가 인도의 전통 의상에 대해 알게 된 것은 얼마 전까지 읽고 있던 '세기의 로맨스'의 두 번째 장 '타지마할, 영원한 사랑의 완성' 덕분이었다. 이 두 번째 로맨스의 주인공이 바로 17세기 인도를 지배한 무굴 제국의 왕 샤 자한과 왕비 뭄타즈 마할이었던 것이다.

그럼 혹시 내가 또 그들의 로맨스에 끼어들게 된 거야? 안 되지, 안 돼. 앤 때문에 그 고생을 했는데, 이번만은 절대로 사양이라고.

그러면서 이지는 자연스럽게 옆구리에 끼고 있던 양장본 책을 꺼내

표지를 들여다보았다. 이번에도 다 읽은 내용임에도 불구하고, 샤 자한과 뭄타즈 마할의 로맨스가 또렷하게 떠오르지 않았다. 심각한 표정으로 턱을 어루만지며 이지는 어쩌면 이것이 일종의 패널티인지도 모른다고 생각했다. 과거로 떨어진 자신에게 그 과거를 완전히 알려주지 않음으로써 더욱 골탕을 먹이려는 패널티 말이다.

"하지만 내가 뭘 잘못했다고?"

원래 형벌이란 잘못에 대한 대가로 치르는 것이 아닌가. 하지만 아무리 머리를 굴려 봐도 자신이 이런 엉뚱한 장소에서 형벌을 당할 이유는 떠오르지 않았다.

"아앗! 그러고 보니 이 책이 왜 여기 있는 거지?"

책을 들여다보며 고민에 잠겨 있던 이지는 갑자기 날카로운 비명을 질렀다. 자신은 분명 주노와 대로 한복판에 서 있다가 이곳으로 떨어졌다. 당연히 책은 가지고 있지 않았고, 그러니 책은 주노의 저택에 있는 자신의 방에 있어야 맞았다. 그런데 대체 어떻게? 어이, 책. 너 혹시 스토커냐?

"웬만하면 조용히 좀 해 주지."

"!"

혼란에 빠져 그 존재마저 잊고 있었던 궁녀가 불만스런 목소리로 툭 내뱉자, 이지는 흠칫 돌아보았다. 보이시하면서도 까칠한 성격이 여과 없이 드러나는 궁녀의 얼굴을 이지는 빤히 쳐다보았다. 궁녀 역시 이지를 보고 있었다. 깔보는 듯한 눈빛으로 이지를 위아래로 훑던

그녀가 이상하다는 듯이 중얼거렸다.

"그런데 너, 복장이 이상하다. 혹시 남쪽의 야만족이나 북쪽 페르시아 출신의 궁녀냐?"

"나, 난 대한민국 출신인데."

"대한민국? 그런 나라도 있었나?"

고개를 갸웃하는 궁녀를 향해 이지는 마지막으로 확인하듯 물었다.

"지금 여긴 어느 나라니? 그리고 이곳은 어디고?"

"그걸 몰라서 묻는 거야?"

"모르니까 묻지."

수상쩍다는 듯 이지의 얼굴을 빤히 들여다보다가 궁녀는 말했다.

"여긴 위대한 자항기르 대왕께서 다스리는 무굴 제국이야. 그리고 이곳은 제국의 수도 아그라의 왕궁이지."

"역시……."

불길한 예감이 맞았음을 깨닫고 이지는 신음처럼 중얼거렸다. 자항기르는 샤 자한의 부왕이었다. 이번에도 책 속의 세계로 떨어져 버린 것이다. 그렇다면 앤과 보낸 시간들도 꿈이 아니었단 말인가. 머리가 터져 버릴 것 같은 혼란을 느끼며 이지는 오른손으로 꼭 끌어안고 있던 '세기의 로맨스'를 펼쳐보았다. 이번에도 두 번째 장이 깨끗이 지워져 있었다. 백지로 변한 책장을 펄럭이며 이지는 땅이 꺼져라 한숨을 내쉬었다. 이지가 자신의 얼굴을 빤히 보고 있는 궁녀에게 다시 물었다.

"그런데 너는 왜 벽장에 들어와 있니?"

"그러는 너야말로 왜 여기 들어와 있는데?"

"나, 나는 말이지……, 후유~ 설명하자면 길어."

"흐음, 역시 수상한데. 너는 누구를 모시는 궁녀지?"

"그…… 그게 실은……."

선뜻 대답을 못 하고 이지는 망설였다. 솔직하게 말해 볼까도 고민해 봤지만, 수백 년 후의 미래에서 교통사고를 당하기 직전에 과거로 뚝 떨어졌다고 한다면 누군들 믿어 주겠는가. 이 아이가 경비병이라도 부른다면? 영국에서 헨리에 의해 블린 가의 지하 감옥에 갇힌 기억이 아직 생생한 이지는 결국 '타지마할, 영원한 사랑의 완성'에 등장하는 남주인공의 이름을 떠올렸다.

"나, 나는 쿠람 왕자님의 궁녀야."

쿠람 시하브 웃 딘 무함마드. 다행히 이 긴 이름만은 똑똑히 기억나는 왕자야말로 후일 샤 자한, 즉 '세계의 용맹한 왕'이란 이름을 하사받는 그 인물이다. 궁녀가 재미있다는 듯이 히죽 웃었다.

"호오, 쿠람 왕자란 말이지?"

"그, 그렇다니까."

"그런데 무슨 이유로 그의 정혼녀의 침실 벽장 안에 숨어 있는 거지?"

"그, 그럼 여기가 바로……?"

궁녀가 고개를 끄덕였다.

"왕자의 정혼녀 바누의 침실이야."

"으음……."

턱을 어루만지며 생각에 잠긴 이지를 향해 궁녀가 재촉했다.

"자, 이제 왜 바누의 침실에 들어왔는지 설명해 보실까?"

잠시 더 뜸을 들이다가 이지는 귓가에서 손가락을 빙글빙글 돌렸다.

"실은 쿠람 왕자는 사이코야."

"사이코?"

"성격이 매우 괴팍하고 이상하다는 뜻이야. 툭하며 변덕을 부리고 툭하면 짓궂은 장난을 쳐서 사람을 곤란하게 만들지. 예를 들어, 아침식사로 커리를 먹고 싶다고 해서 내가면 갑자기 마음이 변해 수프를 먹고 싶다고 하거든. 그것뿐이면 말도 안 해. 기분이 좋아서 헤헤거리다가도 갑자기 울적해져서 막 짜증을 부려. 매사 이런 식이니 곁에 있는 사람이 한시도 편할 수가 없어. 그래서……"

"그래서 왕자를 피해 이곳으로 도망치셨다?"

설명하다 보니 어느새 주노에 대한 평소 불만을 늘어놓고 있었다. 어쨌든 이지는 고개를 끄덕였다.

"응!"

"쿠람 왕자의 정혼녀 바누의 아버지는 자항기르 대왕이 가장 믿는 총리대신이고, 그녀의 고모는 자항기르 대왕의 두 번째 왕비로 제국 전체를 좌지우지하는 권력자야. 네가 지금 얼마나 위험한 짓을 하고 있는지 알아두라는 뜻이야."

"꿀꺽."

이지는 저도 모르게 마른 침을 삼켰다. 아닌 게 아니라 떨어져도 아주

곤란한 장소에 떨어져 버린 것 같았다. 일단 이 장소를 벗어나는 게 좋겠다고 생각한 이지가 문을 밀치고 밖으로 나가려고 했다. 순간 넓고 예쁘게 꾸며진 침실의 방문이 열리며 이지와 비슷한 또래의 소녀와 젊은 시녀가 모습을 드러냈다. 우아하고 총명해 보이는 소녀는 분홍색 꽃이 수놓인 사리로 몸을 휘감고 머리에는 작은 금관을 쓰고, 반짝이는 목걸이와 귀걸이 등으로 화려하게 치장을 하고 있었다. 잠시 어찌할 바를 모르고 굳어 있는 이지를 뒤쪽에서 궁녀아이가 확 끌어당겼다.

소리 죽여 문을 닫으며 궁녀는 눈을 부라렸다.

"들키려고 작정했어?"

"미, 미안. 그런데 저 여자아이는……?"

"아르주만드 바누 베굼. 쿠람 왕자의 정혼녀야."

"역시 그렇구나."

고개를 끄덕이다가 이지는 궁녀를 향해 눈을 빛냈다.

"나도 이유를 얘기했으니까 너도 이유를 말해 봐. 대체 왜 벽장에 숨어 저 바누란 아가씨를 훔쳐보고 있는데?"

궁녀의 표정이 굳어졌다. 방 한복판의 탁자에 앉는 바누를 화난 사람처럼 째려보며 그녀는 말했다.

"나는 저 바누의 진짜 정체를 확인하러 왔어."

"그게……, 무슨 말이야?"

"바누는 자기 아버지 아사프 칸 그리고 고모인 누르 자한과 결탁해서 제국을 집어삼키려는 음모를 꾸미고 있어. 그런 주제에 겉으론 늘 착한 척을 하지. 나는 그런 거짓된 모습을 낱낱이 파헤치고 싶은 거라고."

"……"

이지는 씩씩대는 궁녀의 얼굴을 빤히 바라보았다. 이 어린 궁녀는 왜 이리 바누에게 화가 났을까? 이지는 아마도 궁녀가 왕자를 좋아하고 있는 것이라고 생각했다. 그러지 않고는 그의 정혼녀를 미워할 까닭이 없었다.

"라리사, 너는 아버지와 고모님의 말씀에 대해 어떻게 생각하니? 쿠람 왕자님과 파혼하라는 말씀 말이야."

벽장 밖에서 바누의 목소리가 들려온 것은 그때였다. 자신이 듣고 싶은 얘기라고 생각했는지 궁녀가 재빨리 입술에 손가락을 댔다. 이지와 궁녀는 살짝 열린 문틈에 나란히 눈을 댄 채 귀를 기울였.

탁자 앞에 앉은 바누는 속상하다는 표정으로 말했다.

"나는 아버지와 고모님을 이해할 수가 없어. 결혼식까지는 몇 달밖에 남지 않았는데, 이제와 파혼을 하라는 게 말이 되니?"

시녀가 조심스럽게 입을 열었다.

"두 분의 말씀에도 일리가 있는 것 같습니다만……."

"그게 무슨 소리야?"

"사실 쿠람 왕자님은 사사건건 누르 자한님과 아사프 칸님께 반항하고 계시지 않습니까? 얼마 전에 곧 장인이 되실 아사프 칸님께 고함을 치는 것을 보고 어찌나 놀랐는지, 원."

"그분은 자항기르 대왕의 아드님이셔. 나중에 왕좌에 오를 수도 있는 분이라고. 무굴 제국의 신하인 아버지가 왕자님께 머리를 숙이는 건 당연한 일이야."

"하지만 쿠람 왕자님은 장자도 아니잖아요? 대왕님의 네 아들 중 셋째에 불과한걸요."

"그런 소리 마라. 무굴 제국은 장자라고 무조건 왕위를 물려주지 않는다. 왕의 아들들 중 가장 강한 아들에게 물려주는 게 관례란 말이지."

"그렇지만……."

"고모님만 해도 그래."

바누가 시녀의 말을 차갑게 잘랐다.

"그분은 이 나라의 왕비시지만 정치에 너무 개입하고 있어. 그런 모습이 왕자님의 눈에 좋게 보일 리 없지 않니?"

바누의 태도가 단호하자 시녀는 입을 다물었다. 바누는 한숨 섞인 목소리로 중얼거렸다.

"나는 왕자님의 마음을 이해하고 있단다. 그 분은 이 나라를 진심으로 걱정하고 계셔."

여기까지 들은 이지가 스윽 고개를 돌려 궁녀를 보았다. 어이, 네 생각이 완전히 틀린 것 같은데? 하지만 그녀가 내뱉은 말은 이지를 황당하게 만들었다.

"저게 다 꾸며서 하는 말이야. 진심이 아니라고."

"우리가 숨어 있는 걸 알지도 못하는데 왜 그런 짓을 하겠어?"

"시녀를 속이기 위해서지."

"……."

이해할 수 없다는 표정을 짓는 이지를 돌아보며 궁녀는 확신에 차서 말했다.

"저 바누란 아이는 세상 모든 사람한테 착해 보이려고 노력하지. 그래서 시녀한테조차 마음에도 없는 소리를 하는 거라고."

내가 보기에는 네가 더 이상해 보이거든. 이지가 황당한 표정을 짓고 있을 때, 궁녀아이는 갑자기 문을 박차고 나갔다.

"에잇~ 더 이상은 못 참겠다!"

"야! 이렇게 막 나가면 어떡해?"

벽장 밖으로 튀어나오는 이지와 궁녀를 발견한 시녀가 비명을 질렀다.

"꺄아악! 웬 놈들이냐?"

눈을 치켜뜨고 서 있는 궁녀 옆에서 이지가 정신없이 양손을 저었다.

"수, 수상한 사람 아니니까 놀라지 마세요."

이때 바누가 스윽 일어서더니 궁녀를 향해 머리를 조아렸다.

"쿠람 왕자님, 오랜만에 뵙습니다."

"호호! 맞아요. 이쪽은 쿠람 왕자님이고 저는 그의 궁녀인 이지라는……, 으엑! 방금 뭐라고 했죠? 왕자님?"

이자가 찢어질 듯 눈을 부릅뜨고 궁녀를 돌아보았다. 밝은 곳에서 자세히 보니 궁녀아이는 까무잡잡한 피부만 아니라면 쌍둥이라 해도 믿을 정도로 주노와 닮아 있었다. 그제야 이지는 이 아이가 궁녀로 변장한 남자임을 알아차렸다. 이지는 가늘게 떨리는 손가락으로 주노

못지않게 고집불통처럼 보이는 사내아이의 얼굴을 가리켰다.
"그, 그럼 네가 정말……?"
"무굴 제국의 왕자 쿠람 시하브 웃 딘 무함마드이다!"
쿠람은 당당하게 소리치며 매미가 허물을 벗듯 궁녀 복을 단숨에 벗어젖혔다. 그러자 몸의 라인이 살아 있는 제복 상의에 헐렁한 남성바지인 삐자마Pijama를 입은 근사한 왕자님의 모습이 나타났다. 닮았군, 닮았어. 상대를 깔보는 듯한 저 눈빛이 주노 선배를 빼다 박았어. 쿠람의 얼굴을 멍하니 들여다보며 이지는 고개를 설레설레 흔들었다.
"이 쪽으로 앉으세요, 왕자님. 차를 대접하지요."
바누가 탁자를 가리키며 친절하게 미소 지었지만 쿠람의 반응은 냉담하기만 했다.
"차는 됐어. 그보다 그대의 부친과 고모가 나와의 파혼을 강요하고 있다지?"
"꼭 그렇다기보다는……."
"파혼하자."
"예에?"
핼쑥해지는 바누에게 쿠람은 인정사정이 없었다.
"그들의 말이 아주 틀린 것은 아니지. 우리는 처음부터 맞지 않는 사람들이었어."
바누는 슬픈 눈으로 쿠람의 얼굴을 가만히 보고 있었다. 쿠람, 이 옹졸한 녀석! 어쩜 그 못된 성격까지 주노 선배를 빼닮았냐? 새삼 반짝이 드레스를 입은 자신을 모욕하던 주노의 모습이 떠올라 이지는 쿠람을 째려보았다.

바누가 낮은 한숨을 내쉬는가 싶더니 이내 방긋 웃으며 말했다.

"왕자님의 분부라면 무엇이든 따를 준비가 돼 있지만 파혼만은 안 되겠군요."

"어째서?"

"그야 제가 온 마음을 다해 왕자님을 사랑하고 있기 때문이죠."

바누의 얼굴을 바라보며 이지는 고개를 끄덕였다. 그녀의 맑은 눈동자에서 쿠람을 향한 진심이 읽혀졌기 때문이다. 그러나 순순히 받아들일 쿠람도 아니었다.

"거짓말하지 마. 나는 네가 나를 속이고 있다는 사실을 알고 있어."

"거짓말이 아니에요. 저는 정혼하기 이전부터 왕자님을 좋아하고 있었어요."

"그만! 거짓말은 제발 그만!"

바누를 잡아먹을 듯이 노려보는 쿠람을 향해 이지가 참지 못하고 말했다.

"제가 같은 여자로서 보기에 바누는 거짓말을 하고 있는 것 같지 않아요. 왕자님이 오히려 편견을 가지고 바누를 대하는 것으로……."

"너!"

"!"

쿠람이 이지를 가리키며 버럭 소리를 질렀다.

"너는 분명 나한테 소속된 궁녀라고 말했지? 그런데 나는 왜 너를 모를까, 응?"

이지는 말문이 턱 막혀 버렸다. 쿠람이 그런 이지에게 얼굴을 들이밀며 으르렁거렸다.

"스스로 정체를 밝히는 게 좋을 거야. 그러지 않으면 벵골호랑이가 득실거리는 우리에 처넣어 줄 테니까."

"에이~ 왕자님처럼 멋진 분이 연약한 여자에게 설마요?"

"경비병! 경비병!"

쿠람이 밖을 향해 소리를 지르자 이지는 털썩 무릎을 꿇으며 그의 바짓단을 잡고 늘어졌다.

"잘못했어요, 왕자님! 용서해 주시면 왕자님이 시키는 일은 무엇이든 할게요! 엉엉엉!"

"흐음, 무슨 짓이든 하겠단 말이지?"

쿠람이 짓궂게 눈을 반짝였다. 이지는 고개를 끄덕일 수밖에 없었다.

"일단 일어나라."

"옛썰!"

발딱 일어서는 이지의 얼굴을 똑바로 보며 쿠람이 말했다.

"솔직히 말해 봐. 너, 궁녀 아니지?"

"예에……."

"그런데 어떻게 궁에 들어왔지?"

"그게 설명하기가 좀 복잡해요. 왕자님이 알지 못하는 전혀 다른 세계에서 뚝 떨어졌다고만 알아두세요."

"흐음……, 페르시아의 첩자는 아니고?"

"절대로 아니에요."

이지는 완강히 고개를 가로저었다. 친절한 바누가 편을 들어주었다.

"너무 몰아붙이지 마세요. 제가 보기에 나쁜 아이 같지는 않습니다."

그래, 역시 괜찮은 여자끼리는 이심전심이구나. 이지가 바누를 보며 친근하게 웃었다. 하지만 쿠람의 목소리에는 여전히 싸늘했다.

"바누는 끼어들지 마. 그리고 가짜 궁녀, 너는 이름이 뭐라고 했지?"

"윤이지라고 하는데요."

"좋다, 이지. 너는 지금부터 정식으로 나의 궁녀가 된다."

"궁, 궁녀요?"

"왜, 싫어? 그럼 벵골호랑이들과 만나 보든지."

"당연히 해야죠! 궁녀 꼭 하고 싶어요!"

쿠람이 히죽 웃으며 방의 입구를 향해 걸음을 옮겼다. 이지는 맥이 탁 풀려서 어깨를 축 늘어뜨렸다. 쿠람이 이지를 돌아보며 소리를 질렀다.

"궁녀 이지! 따라나서지 않고 뭘 꾸물거리고 있느냐?"

"지, 지금 가요!"

"우와~ 이게 방이야, 운동장이야?"

주노의 저택 거실 만큼이나 널찍한 쿠람의 방으로 들어서며 이지는 입이 떡 벌어지고 말았다. 넓은 방안에는 하늘거리는 커튼이 드리워진 침대만 여섯 개였다. 군데군데 야자수가 돔형의 높은 천장에 닿을 듯 자라 있었고, 한쪽에는 작은 연못까지 있었다. 연못에서 유유히 헤엄치는 비단잉어들을 내려다보며 이지는 절로 감탄사를 발했다.

"진짜 대박이다!"

그뿐만이 아니었다. 대리석이 깔린 욕실도 세 개였고, 반짝반짝 빛나는 주방 용품이 가득한 넓은 주방까지 딸려 있었다. 신이 나서 방을 구경하는 이지를 향해 쿠람이 의자에 털썩 앉으며 말했다.

"배고프구나. 야참을 준비해라."

"예? 방금 뭐라고 했죠?"

눈을 동그랗게 뜨는 이지를 향해 왕자는 짜증스럽게 대꾸했다.

"배고프다고. 주방에 가서 음식을 만들어 오란 말이다."

이지의 표정이 일그러졌다. 현실의 세계에서나 과거의 세계에서나 까칠한 주인 밑에서 메이드 생활을 할 운명이란 말인가? 어깨를 축 늘어뜨린 채 이지는 주방으로 향했다.

주방 선반 위에 놓인 여러 개의 바구니들 중에서 싱싱한 토마토를 찾은 이지는 그걸로 스튜를 만들기로 했다. 마침 질 좋은 소고기도 있어서 안성맞춤이었다. 깍두기 모양으로 고기를 썰다가 이지는 멈칫했다.

"가만, 인도는 힌두교 국가라 소고기를 안 먹지 않나? 그런데 왜 소고기가 있는 거지?"

이지의 의문은 김이 모락모락 피어오르는 스튜를 그릇에 담아 쿠람에게 돌아왔을 때 풀렸다. 소파 테이블에 그릇을 내려놓는 이지에게 쿠람이 숟가락을 들며 설명했다.

"무굴 제국은 이슬람교를 믿어. 그래서 힌두교를 믿는 토착민들과는 달리 소고기를 잘 먹지."

"아하, 그렇군요."

"윽!"

스튜를 한 숟가락 떠 먹던 쿠람의 인상이 확 일그러졌다.

"왜요? 맛이 없어요?"

"아니, 그럭저럭 먹을 만해."

"그런데 왜……?"

"무슨 스튜가 이렇게 뜨거워. 입천장이 홀랑 벗겨질 뻔했잖아."

나 참, 별걸 가지고 다 트집이군. 내심 툴툴거리며 이지는 널찍한 창문을 바라보았다. 검은 천 위에 금가루를 뿌려놓은 듯 별이 반짝이는 하늘이 보였다. 초여름의 시원한 바람이 창문을 통해 들어왔다. 이름 모를 꽃향기가 바람결에 실려와 이국적인 정취를 느끼게 했다.

이지는 약간은 감상적인 기분이 되어 쿠람을 내려다보았다. 무엇이 불만인지 미간을 살짝 찌푸린 채 묵묵히 스튜를 먹는 쿠람에게서 주노의 모습이 겹쳐보였다. 그는 대체 왜 그랬을까? 나에게 잘해주는 것 같다가 갑자기 왜 분노를 보인 거지? 알 수 없는 일이라고 생각하며 이지는 고개를 흔들었다.

타악!

쿠람이 숟가락을 내려놓았다. 그릇이 바닥을 드러낼 정도로 먹어치운 후였다. 이지가 뿌듯한 표정으로 물었다.

"내 요리 솜씨가 어때요?"

쿠람이 비웃듯이 말했다.

"요리라고 부르기도 창피한 수준이야. 성의를 생각해서 간신히 참고 먹었다."

으이그~ 얄미운 인간. 분해서 바르르 떠는 이지를 스쳐 쿠람이 욕실을 향해 걸어갔다.

"이제 목욕하고 슬슬 자야겠다."

쿠람이 욕실로 들어가는 걸 확인한 이지는 여러 개의 침대 중 하나에 털썩 주저앉았다. 너무 피곤해서 온몸이 젖은 빨래처럼 축 늘어졌다. 엉덩이로 깔고 앉은 침대는 유난히 푹신하게 느껴졌다. 간간이 물소리가 들려오는 욕실 문을 보다가 이지는 침대에 살짝 등을 눕혔다. 그리고 슬쩍 눈을 감았는데 그대로 잠이 들어 버렸다.

"아우씨~ 오늘따라 물이 왜 이리 차갑지?"

기다란 타월로 알몸을 가린 채 신경질적으로 머리를 털고 나오던 쿠람이 멈칫했다.

"드르렁~ 푸후우~"

침대에 대자로 뻗어 잠든 새로운 궁녀를 발견했기 때문이다. 거참, 겁을 상실한 녀석일세. 쿠람은 기가 막혀 헛웃음을 흘렸다. 하필이면 이지가 잠들어 있는 침대가 쿠람 자신이 주로 사용하는 침대였다.

쿠람은 고집불통

 잠결에 이지는 꽃향기를 맡았다. 정확한 종류는 모르지만 이국의 꽃향기가 코끝을 간질였다. 왠지 기분이 좋아지는 냄새라고 생각하며 이지는 잠결에도 미소를 지었다. 그리고 아침 햇살이 비추는 침대 위에서 천천히 눈을 떴다.
 "……!"
 이지의 눈이 커다래졌다. 눈앞에 주노의 얼굴이 있었다. 이 선배가 또 무슨 장난을 치려고 이러지? 미간을 확 찌푸리다가 이지는 문득 이상하다는 생각이 들었다. 주노라고 하기엔 침대에 누워 있는 자신에게 얼굴을 바싹 들이민 채 느물거리고 있는 녀석은 피부가 너무 까무잡잡했기 때문이다.
 "너…… 너는 쿠람……?!"

"오호, 이젠 반말까지냐? 네가 벵골호랑이 입 냄새를 맡아 봐야 정신을 차리겠구나."

말은 무섭게 하면서도 쿠람은 입술을 접근시키고 있었다. 조건반사처럼 이지의 심장이 쿵쾅거리기 시작했다. 쿠람의 반짝이는 눈이 시야를 가득 메우는 순간, 숨이 콱 막히는 것 같았다. 순간 이지의 마음속에서 무언가 꿈틀했다. 선배에게 그렇게 당해 놓고 아직도 정신을 못 차린 거냐, 윤이지? 이지가 쿠람의 가슴을 힘껏 밀쳐냈다.

"당장 비켜!"

"어이쿠!"

쿠람이 침대 아래로 벌러덩 넘어졌다. 간신히 일어나 앉은 쿠람이 버럭 고함을 질렀다.

"너, 정말 벵골호랑이 만나 볼래?"

이지가 몸을 도사린 채 항변했다.

"그, 그러게 왜 입술을 접근시켜요?"

"하아~ 지금 내가 너랑 키스라도 하려고 했다는 거야?"

황당한 표정을 지으며 쿠람이 박차고 일어섰다.

"무굴 제국의 왕자인 내가 너처럼 못생긴 애랑 키스를 한다고? 제발 장난과 진심을 구별 좀 해라, 응?"

"알았어요, 알았다고요."

더 이상 상대하기도 귀찮아 이지는 손을 휘휘 저었다. 쿠람은 말투까지 주노와 닮아 있는 것이다.

"늦었으니까 빨리 나갈 준비나 해."

"어딜…… 가는데요?"

"오늘이 누르 자한의 생일 아니냐? 연회에 참석해야지."

"누르 자한이라면……?"

"너는 못생겼을 뿐 아니라 기억력도 신통치 않구나."

"끄응."

"어제 바누의 고모이자 나의 계모인 누르 자한에 대해 분명히 들었을 텐데?"

"아…… 그 새 왕비님 말이죠?"

"흥! 왕비는 무슨? 자항기르 대왕의 왕비는 오직 돌아가신 내 어머니 한 분뿐이다."

이지는 한 마디 해 주려다가 입을 다물어 버렸다. 입술을 질끈 깨물고 아침이 환하게 밝아오는 창밖을 쏘아보는 쿠람의 옆얼굴에서 어머니에 대한 간절한 그리움을 읽었기 때문이다. 타인의 슬픔을 완전히 이해하기란 불가능한 법. 이해할 수 없다면 차라리 입을 다물리라.

"알았으면 어서 가자."

핑글 돌아서서 걸음을 옮기는 쿠람을 이지는 따라갔다. 넓은 방을 빠져나가려다가 쿠람이 멈칫했다. 그리고 이지를 향해 돌아서서 위아래로 훑었다.

"너, 설마 그런 차림으로 연회에 갈 생각이냐?"

"내 차림이 어때서요?"

팔을 벌리고 자신의 옷차림을 내려다보다가 이지는 저도 모르게 푹 한숨을 쉬었다. 아직 반짝이 드레스를 입고 있었던 것이다. 쿠람이 한심하다는 표정으로 방 한쪽 벽장을 향해 다가갔다.

"무슨 여자애가 부끄러운 줄도 모르고 그런 해괴한 차림으로 돌아다녀?"

쿠람이 벽장을 열자 수십 벌의 인도 전통의상들이 나타났다. 예쁜 문양이 수놓여 있고 화려한 장식이 달린, 하나같이 고급스런 옷들이었다.

"자, 이 중에서 하나 골라 봐."

"글쎄요…… 너무 예뻐서 뭘 골라야 할지 모르겠어요."

"그래? 그럼 내가 골라 주지."

쿠람이 주황색 까미즈와 헐렁한 흰색 살와르를 내밀었다.

"이걸 입도록 해. 옷에 비해 옷걸이가 턱없이 부족하지만 그런대로 조합은 맞을 것 같다."

말을 해도 꼭! 미간을 찌푸리며 이지는 옷을 받았다. 그러나 인도 전통 셔츠와 바지인 까미즈와 살와르를 갖춰 입은 이지는 금방 표정이 환해졌다. 마치 맞춤복처럼 이지의 몸에 꼭 맞는 옷은 너무 근사해서 그녀를 꼭 인도의 공주처럼 보이도록 만들었다. 후훗~ 옷이 날개란 말은 괜히 생긴 게 아니군. 여기 옷들을 미래로 가져가서 가게를 오픈하면 대박 터지겠는걸.

거울 앞에 서서 히죽거리는 이지의 귓불을 쿠람이 사정없이 잡아당겼다.

"못생긴 게 은근 공주병까지 있네? 너 정말 골치 아픈 아이구나?"

"아야야~ 이것 좀 놓고 가요."

돔형의 높고 널찍한 대전 안에는 화려하게 차려 입은 무굴 제국의 귀족 남녀들이 가득했다. 흰색 사리를 두르고 허리에 금빛 장식을 한 궁녀들이 요염하게 춤을 추고, 웃옷을 벗은 하인들은 대전 안으로 끊임없이 진귀한 음식들을 나르고 있었다. 귀족들과 대신들은 푹신한 카펫이 깔린 대전 바닥에 비스듬히 누워 마음껏 먹고 마시며 떠들어 댔다. 사방에서 향이 피어오르며 이국적인 냄새를 풍기고 있었다. 무희들의 흐느적거리는 춤과 향 냄새는 소란스러운 대전을 묘하게 몽환적인 분위기로 만들고 있었다.

"안녕하십니까, 왕자님?"

"왕자님을 뵈옵니다."

"왕자님의 건강을 신께 기원하겠습니다."

　이지를 거느리고 당당하게 걸어 들어오는 쿠람을 발견한 귀족들이 차례로 고개를 숙여 인사를 했다. 이지는 무언가 이상하다고 생각했다. 귀족들은 형식적으로 고개를 까닥일 뿐, 일어서려고도 하지 않았다. 어떤 사람들의 입가에는 흐릿한 비웃음마저 걸려 있었다.

　이지가 쿠람의 귀에 대고 속삭였다.

"왕자님, 조금 이상하지 않아요?"

"뭐가?"

"저 귀족들은 왕자님이 나타났는데도 그냥 누워 있잖아요. 저 웃음은 마치…… 마치……."

"나를 비웃는 것 같다고?"

이지가 눈치를 살피며 고개를 끄덕였다.

"예에……."

쿠람이 피식 웃었다.

"제대로 봤어. 저 작자들은 나를 비웃고 있는 거야."

"어떻게 귀족이 왕족을 비웃을 수가……?"

"모두가 오늘 연회의 주인공인 누르 자한 때문이지."

쿠람이 연회장 한복판에 우뚝 멈춰 섰다. 그리고 이글거리는 눈으로 정면에 있는 두 개의 높다란 옥좌를 노려보았다. 쿠람을 따라 옥좌를 바라보며 이지는 고개를 갸웃했다.

"누르 자한이라면 왕자님의 계모이자 새로운 왕비님 말인가요?"

"맞아. 그녀는 나의 아버지이자 위대한 왕이었던 자항기르 대왕을 치마폭에 감싼 채 자기 멋대로 주무르고 있어. 여기 귀족들과 대신들도 대부분 그녀의 부하야. 당연히 누르 자한과 사사건건 충돌하는 어린 왕자가 하룻강아지로 보일 수밖에."

"그렇군요."

이지가 걱정스런 표정으로 고개를 끄덕이고 있을 때 굵직한 남자의 목소리가 들려왔다.

"자꾸 그런 말씀을 하시니 대왕님과 왕비님의 노여움을 사는 것 아닙니까?"

이지가 깜짝 놀라서 옆을 돌아보았다. 대신 복을 입은 커다란 덩치의 중년 남자가 당당하게 걸어오는 게 보였다. 콧수염을 멋들어지게 기른 남자의 눈에선 마치 두 개의 횃불이 활활 타오르는 것 같았다. 뭉툭한 콧등 위, 가로로 길게 그어진 칼자국은 남자가 결코 만만한 상대가 아님을 말해주는 듯했다. 자신 앞에 우뚝 선, 목 하나쯤은 더 큰 남자를 이지가 두려운 눈으로 올려다보았다. 이지를 밀치고 앞으로 나서며 쿠람이 당당하게 말했다.

"오랜만이구려, 아사프 칸?"

"오랜만에 인사를 여쭙니다, 왕자님."

아사프 칸이라면 왕비 누르 자한의 오빠이자, 바누의 아버지? 이지는 새삼 이채를 띠고 팽팽한 긴장감 속에 서로의 얼굴을 뚫어져라 응시하는 쿠람과 아사프 칸을 쳐다보았다.

한동안 쿠람의 도전적인 눈빛을 받아내던 아사프 칸이 히죽 웃었다.

"오늘은 좋은 날입니다. 부디 왕비님과 충돌하지 말고 조용히 넘어가시지요."

"왕비께서 본분에 어긋나는 짓을 하지 않는다면 물론 그럴 것이오."

"과연 우리 사위님의 패기는 알아줘야겠군요."

"사위라고 부르지 마시오!"

"!"

쿠람이 버럭 고함을 지르자 아사프 칸보다 이지가 흠칫 놀랐다. 여유 있게 웃는 아사프 칸의 얼굴을 가리키며 쿠람은 말했다.

"바누와 나는 아직 혼인하지 않았소. 당연히 그대도 아직은 나의 장인이 아니오."

아사프 칸은 입으론 웃고 있었지만 얼굴 전체에 은은한 노기가 일렁였다. 그는 쿠람의 얼굴을 뚫어져라 들여다보았다. 총리대신이 허리를 구부려 쿠람에게만 들릴 작은 목소리로 중얼거렸다.

"뭔가 착각하고 계시는군요, 왕자님. 왕자님과 파혼하고 싶은 건 오히려 저희 쪽입니다. 바누가 고집을 부리지만 않았다면 우린 오래전에 남남이 되었을 것이고, 그럼 왕자님도 야만족이 득실거리는 남쪽 정글로 유폐되어 개구리나 잡아먹고 있었겠지요."

"……."

이번만은 쿠람조차 아사프 칸의 살벌한 눈빛에 질려 아무 말도 하지 못했다. 이지도 아사프 칸이 쿠람의 목을 조르는 것은 아닌가 하여 긴장된 눈으로 지켜보고 있었다. 다행히 이때 옥좌 쪽에서 우렁찬 고함이 들려왔다.

"대왕 전하와 왕비마마 납시오!"

동시에 아사프 칸의 눈에서 살기가 사라졌다. 그는 표정을 풀며 옥좌를 향해 돌아섰다. 이지와 쿠람도 옥좌를 향해 섰다. 카펫 위에 비스듬히 누워 있던 귀족들도 일제히 일어나 공손하게 옥좌를 향했다.

옥좌 옆의 통로를 통해 번쩍이는 다이아몬드가 박힌 왕관을 쓴 꼬장꼬장해 보이는 노인과 그를 부축한 젊고 아름다운 부인이 들어오는 게 보였다. 백발의 노인은 비록 늙었지만 아직 허리가 꼿꼿했고, 형형한 두 눈에선 상대를 압도하는 권위가 넘쳐흘렀다. 이 노인이 쿠람의 아버지인 자항기르 대왕임을 이지는 한눈에 알아볼 수 있었다.

이지의 눈이 대왕과 나란히 옥좌에 앉는 누르 자한 왕비에게로 옮겨졌다. 쿠람의 독설과는 달리 젊은 왕비는 너무 정숙해 보였다. 왕을 조종하는 사악한 계모로는 절대 보이지 않았다. 눈을 치켜뜨고 옥좌를 응시하는 쿠람을 보며 이지는 어쩌면 왕자가 새엄마를 오해하는 것인지도 모른다고 생각했다.

아사프 칸이 옥좌 앞으로 나가 머리를 조아렸다.

"제국의 모든 귀족들과 신하들을 대신하여 왕비마마의 생신을 축하 드리옵니다! 더불어 대왕 전하의 만수무강을 비옵니다!"

왕과 왕비가 아사프 칸을 내려다보며 흐뭇하게 웃었다. 아사프 칸이 귀족들을 가리키며 말했다.

"귀족들이 왕비마마께 올릴 작은 선물을 준비했다고 하옵니다. 부디 받아 주시옵소서."

누르 자한 왕비가 허락을 구하듯 왕을 돌아보았다. 자항기르 대왕이 만면에 미소를 머금은 채 고개를 끄덕였다.

"귀족들의 성의를 기쁜 마음으로 받아들이겠노라."

그때부터 귀족들이 차례로 옥좌 앞으로 나와 머리를 조아렸다. 아사프 칸이 옆에서 대기하고 있다가 귀족들이 바치는 선물 목록을 펼쳐서 읽었다.

"문부대신 자함 경은 최고급 면 일천 필을 선물로 바쳤습니다!"

"궁내대신 마르히타 경은 코끼리 상아 백 개를 바쳤습니다!"

"군부대신 아지트 경은 향신료 열 수레를 바쳤습니다!"

"판자브의 만사브군사를 거느린 인도의 최고 계급 영주 단티라 경은 금 백 관을 바쳤습니다!"

아사프 칸이 목록을 읽을 때마다 왕비는 행복한 미소를 지었고, 왕은 그런 왕비를 흡족한 듯이 바라보았다. 화기애애한 분위기를 깨뜨리는 고함소리가 들려온 것은 그때였다.

"당장 이 수치스러운 짓거리를 멈추시오!"

아사프 칸을 비롯한 모든 귀족들의 시선이 소리가 들린 방향으로 쏠렸다. 이지도 눈을 크게 뜨고 그들과 같은 방향을 보았다. 동시에 이지의 입에서 한숨 섞인 신음이 새어나왔다.

"쿠람 왕자님, 대체 어쩌려고……?"

노골적인 적대감을 드러내는 귀족들을 스쳐 쿠람이 옥좌를 향해 걸어갔다. 표정을 일그러뜨린 아사프 칸 바로 옆에 서서 그는 도전적인 눈으로 옥좌에 나란히 앉은 왕과 왕비를 올려다보았다.

자항기르 대왕이 노기를 일렁이며 자신의 셋째 아들을 굽어보았다.

"쿠람, 방금 뭐라고 했느냐?"

"수치스러운 짓거리를 멈추라고 했습니다."

"네 이놈!"

격노한 왕이 옥좌를 박차고 일어섰다.

"네가 평소 왕비에게 버릇없이 행동하는 것을 알고 있었다! 친모를 잃은 슬픔에 투정을 부리는 것이라 여기고 참았는데, 건방진 태도가 도를 넘어섰구나! 당장 왕비에게 사죄하지 못할까?"

이를 악무는 쿠람의 얼굴을 아사프 칸이 비웃듯이 웃으며 지켜보았다. 그는 대왕의 호통에 왕자가 머리를 숙일 것이라고 생각했다. 그런데 왕자는 오히려 가슴을 쭉 폈다.

"지금 남부 지방에서는 몇 해째 가뭄이 들어 백성들이 굶주림에 지쳐 쓰러지고, 곳곳에서 반란이 일어난다고 들었습니다. 그런데 귀족이란 자들은 백성들에게 더 많은 세금을 쥐어짜 그것으로 왕비께 비싼 선물을 바치고 있지 않습니까? 이것이 수치스러운 짓거리가 아니고 무엇이겠습니까? 부디 헤아려 주십시오, 전하!"

"네놈…… 네놈이 정말 벌을 받아야 정신을 차릴 테냐……?"

머리끝까지 화가 치민 왕이 흰 수염을 바르르 떨었다. 하지만 쿠람은 끝까지 당당했다.

"벌을 내리시겠다면 뜻대로 하십시오. 대신 왕비마마 때문에 점점 쇠락해 가는 이 나라를 바로 잡아 주십시오."

아사프 칸은 눈을 가늘게 뜨고 미래의 사위를 유심히 지켜보았다. 중년의 대신은 지금껏 자신이 왕자에 대해 잘못 생각해 왔음을 깨달았다. 그는 왕자를 단순히 계모에게 불만을 품은 어리광쟁이라 여겨왔다. 그런데 이제 보니 아니었다. 악바르 대제에 이어 무굴 제국의 최전성기를 이끈 천하의 자항기르 대왕 앞에서도 전혀 위축되지 않고 자신의 소신을 밝히고 있었다. 그리고 그 소신이란 다름 아닌 자신과 누이동생을 탄핵하는 내용이었다.

'흐음……, 어쩌면 누르의 말이 맞을지도.'

아사프 칸은 어금니를 지그시 깨물었다. 누이동생은 오래 전부터 쿠람과 바누를 파혼시켜야 한다고 주장하고 있었다. 하지만 딸 바누의 고집이 그를 망설이게 했다. 그러나 쿠람이 저렇게까지 나온다면 다시 생각해 볼 수밖에 없는 것이다.

"네 이놈!"

마침내 대왕의 불호령이 떨어졌다. 왕이 부들부들 떨리는 손으로 왕자를 가리키며 명령했다.

"저놈을 당장 감옥에 가둬라! 내일 중으로 만사브 회의를 소집해 처벌을 결정할 것이다!"

긴 반월도를 찬 근위병들이 우르르 달려 들어와 양쪽에서 왕자의 팔을 붙잡았다. 대전 밖으로 끌려 나가며 쿠람은 고래고래 소리를 질렀다.

"왕비가 아니라 제국을 먼저 생각해 주소서, 전하! 간신배들 때문에 제국이 뿌리째 흔들리고 있습니다!"

이지는 쿠람을 쫓아 복도로 달려 나왔다.

"어라, 그새 어디로 사라졌지?"

쿠람과 근위병들의 모습은 이미 사라지고 없었다. 어찌할 바를 몰라 발만 동동 구르던 이지는 다시 냅다 뛰기 시작했다. 그녀가 향한 곳은 바누의 처소였다.

"왕자님이 감옥에 갇히셨다고?"

숨이 턱에 차서 달려온 이지의 보고를 받은 바누는 기절할 듯이 놀랐다. 막 연회에 참석하려고 빨간 꽃을 수놓은 사리를 입고, 번쩍이는 장신구로 치장한 바누가 초조한 얼굴로 방안을 서성였다.

"큰일이야. 이번만은 대왕께서도 그냥 넘어가지는 않으실 텐데."

"사실 왕자님이 지나쳤어요. 왕비님 면전에서 나라를 망치고 있다고 소리쳤으니까요."

"후우~ 그러게 말이다."

바누와 이지가 고민하고 있을 때 시녀인 라리사가 헐레벌떡 들어왔다.

"큰일 났습니다, 아가씨!"

"또 무슨 일이니?"

"아사프 칸님께서 이쪽으로 오고 계십니다."

"아버님께서?"

눈을 동그랗게 뜨는 바누를 향해 이지가 급히 말했다.

"나 좀 숨겨줘요. 총리대신께선 내가 쿠람 왕자의 궁녀라는 걸 알고 있다고요."

"그, 그럼 이 벽장으로 숨어라."

으이그~ 이놈의 벽장과는 친해질 수밖에 없는 운명인가 보군. 속으로 툴툴거리며 이지는 벽장 안으로 들어갔다. 벽장문이 닫히자마자 아사프 칸이 들이닥쳤다. 이지는 문틈으로 딸 앞에 엄한 얼굴로 서는 그를 지켜보았다.

"소식 들었느냐, 바누?"

"쿠람 왕자님에 대한 소식이라면 방금 전해 들었습니다."

"솔직하게 얘기하마. 나와 너의 고모는 이번 기회에 그를 제거했으면 한다. 너만 동의한다면 내일 만사브 회의가 소집되기 전에……."

벽장에 숨은 이지가 비명을 참으려고 입을 틀어막을 때 바누가 소리를 질렀다.

"절대로 안 돼요!"

"!"

아사프 칸이 멈칫했다. 그리고 눈을 사납게 치켜뜬 채 딸의 얼굴을 보았다.

"네가 왕자를 좋아한다는 걸 안다. 하지만 왕자는 너를 의심하고 싫어하지 않느냐? 이 기회에 차라리 모든 걸 정리하자. 그리고 고모가 새로운 왕의 재목으로 생각하는 대왕의 넷째 아들 샤야르와의 정혼을 추진하자꾸나."

"그렇다면 저는 자결하겠어요."

"뭐…… 뭣이라……?!"

바누가 단호히 내뱉자 아사프 칸은 눈을 부릅떴다.

"저는 이미 왕자님을 남편이라고 생각해요. 다른 사람도 아닌 아버님과 고모님이 그분을 해치겠다니, 저도 목숨을 던지는 수밖에요."

"이런 못된!"

철썩!

화를 참지 못한 아사프 칸이 딸의 뺨을 후려쳤다.

"너무해……."

이지는 눈물을 글썽이며 입술이 터져 피가 흐르는 바누의 얼굴을 보았다. 하지만 다시 아버지를 향하는 바누의 눈빛에는 조금의 두려움도 없었다.

"제가 죽는 걸 보고 싶지 않다면 왕자님을 살려주세요."

"이이……!"

이를 갈아붙이며 바누를 노려보던 아사프 칸이 씹어뱉듯이 말했다.

"왕자에게 오늘 밤 안으로 궁을 떠나 빈디아 산맥 너머 데칸으로 가라고 해라. 그곳에서 반란이 번지고 있다는 사실은 알고 있겠지? 패잔병들을 모아 반란을 진압하기 전까지는 결코 빈디아 산맥을 다시 넘어서는 안 된다고 알려라. 대왕께는 왕자 스스로 용서를 받기 위해 반란을 토벌하러 떠났다고 보고할 테니."

"하지만 데칸은 이슬람 왕조인 무굴 제국에 목숨을 걸고 저항하는 힌두교 야만족들이 판치는 무법천지 아닌가요? 왕자님은 결코 살아 돌아오지 못할 거예요."

아사프 칸이 잔인하게 웃었다.

"여기 남는다면 오늘 밤을 넘기지 못한다."

"아아……."

절망적인 한숨을 내뱉으며 바누는 어쩔 수 없이 고개를 끄덕였다. 아사프 칸은 뒤도 돌아보지 않고 밖으로 나가 버렸다. 이지가 벽장문을 열고 나왔을 때, 바누는 병자처럼 창백한 얼굴로 서 있었다. 엉거주춤 서 있는 이지를 향해 바누가 억지로 미소를 지었다.

"이지라고 했지?"

"예? 아, 예……."

"이지야, 이제부터 내게 존댓말을 하지 말아다오."

"그게 무슨 말씀이세요?"

"지금 이 순간부터 나와 친구가 되잔 말이야."

황당한 표정을 짓는 이지의 손을 잡으며 바누는 진심 어린 목소리로 말했다.

"지금 이 궁에서 쿠람 왕자님을 위해 일해 줄 사람은 나와 이지 너밖에는 없어. 그러니까 우리 둘이 친구가 돼서 왕자님을 구해내야지."

어리둥절한 표정을 짓고 있다가 이지는 힘차게 고개를 끄덕였다.

"알았어, 바누. 나도 이제부터 너를 친구로 생각할게."

이지와 바누는 양손을 맞잡은 채 서로의 얼굴을 들여다보며 미소를 지었다. 이지의 손을 놓는 바누의 표정이 다시 심각해졌다.

"우린 오늘 밤에 연극을 해야 해."

"연극이라니?"

"아버님의 명령이라고 얘기하면 왕자님은 절대 데칸으로 가려고 하지 않을 거야."

"그놈의 고집불통! 어쨌든 그래서?"

"그러니까 너와 내가 왕자님을 몰래 탈출시키는 것처럼 꾸며야 해."

이지가 고개를 갸웃했다.

"왕자님이 우리의 말을 믿어 줄까?"

"데칸을 비롯한 빈디아 산맥 너머는 완전 무법천지야. 그 지역을 평정하면 제국의 모든 귀족들과 만사브들이 왕자님을 따를 거라고 설득하는 거야. 그럼 나라 전체를 제멋대로 주무르는 왕비와 총리대신을 막을 수 있다고 말이야."

"하아."

총명하게 눈을 반짝이는 바누의 얼굴을 들여다보며 이지는 낮은 한숨을 쉬었다.

"뭐가 잘못됐니?"

"그게 아니라……, 쿠람이 그렇게 좋아?"

"무슨 말이야?"

"아버지와 고모를 버릴 정도로 고집불통 왕자님이 좋으냐고."

바누는 침울한 표정으로 고개를 끄덕였다.

"대단하구나."

바누처럼 사랑을 확신해 본 적이 없는 이지로선 왠지 스스로가 한심하게 느껴졌다.

날이 저물기 전까지 바누와 이지는 말과 식량을 준비하느라 발바닥에 불이 붙을 정도로 뛰어다녔다. 그리고 마침내 아그라의 왕궁에 저녁이 찾아왔다. 모스크를 연상시키는 왕궁의 둥근 지붕들이 주황색으로 물들고, 그 아래 광장과 정원들에 어둠이 깔리기 시작하자 이지와 바누는 행동을 개시했다.

"너희들이 간수를 매수한 후 날 구하러 왔단 말이지?"

어둑한 감옥 안에서 쿠람은 지금껏 열심히 상황을 설명한 바누 대신 이지를 향해 물었다. 이지가 맹렬히 고개를 끄덕였다.

"흐음……, 이 길로 도망쳐서 데칸으로 가자고?"

"대왕과 만사브들이 이번만은 단단히 벼르고 있어요. 게다가 제 아버님과 고모님은 왕자님의 목숨까지 노리고 있지요. 지금으로선 방법이 없습니다."

"아사프 칸…… 누르 자한! 괘씸한 작자들 같으니……!"

쿠람이 이를 갈아붙였다. 이지는 괜히 뜨끔해서 바누를 돌아보았다. 그녀가 상처를 입을까 봐 걱정되었던 것이다. 다행히 바누는 차분한 표정이었다.

"무법천지인 데칸에 가서 공을 세워 보세요. 제국의 모든 만사브들이 왕자님을 지지하고 나설걸요. 그럼 왕자님 소원대로 간신배들을 쫓아낼 수 있지요."

"흐음……."

턱을 어루만지며 고민하던 쿠람이 천천히 고개를 끄덕였다.

"좋아, 빈디아 산맥을 넘어 남쪽 땅으로 가자."

장벽을 넘어

　빈디아 산맥을 왜 세상 끝의 장벽이라 부르는지 이지는 산길을 넘으면서 알 수 있었다. 산은 온통 정글로 뒤덮여 있었다. 초여름 한낮의 강렬한 햇살마저 뚫고 들어오지 못할 정도로 정글은 울창했다.
　쿠람을 설득해서 궁을 떠난 지도 벌써 엿새째. 말까지 버리고 산을 타는 이지, 쿠람, 바누의 몰골은 형편없었다. 셋 다 지칠 대로 지치고 굶주려 있었다. 지금까지 견뎌온 것도 기적이었지만 앞으로가 더 걱정이었다. 이지는 당장 주저앉아 "난 포기야!"라고 외치고 싶었지만 쿠람을 위해 묵묵히 걷는 바누를 보면 차마 그럴 수가 없었다. 결국 엉뚱한 사람이 땅바닥에 주저앉고 말았다.
　"으아아~ 더 이상은 못 가! 아니, 안 가!"
　오만상을 찌푸린 채 투정을 부리는 사람은 바로 쿠람이었다. 흐규~

대체 언제 철들려고 그러실까? 한 마디 쏘아붙이려는 이지를 향해 바누가 참으라는 듯 고개를 흔들었다. 그런 바누를 향해 쿠람이 짜증스럽게 말했다.

"바누 너의 꼬임에 넘어가 장벽까지 온 게 잘못이야. 공을 세우기는커녕 굶어 죽게 생겼잖아. 빨리 먹을 것을 구해 오란 말이다."

이지가 더 이상 참지 못하고 소리를 질렀다.

"남자로서 그게 할 소리예요? 연약한 여자들을 위해서 왕자님이 먹을 걸 구해 와야죠!"

"연약한 여자라고? 후훗~ 너희 둘이 힘을 합치면 코끼리도 때려잡겠는데, 뭘."

"왕자만 아니면 그냥 확!"

"이지 너, 잘하면 한 대 치겠다. 어디 한 번 쳐 봐! 쳐 봐!"

다투는 두 사람을 바누가 뜯어 말렸다.

"내가 음식을 구해올 테니까 두 사람은 쉬고 있어요."

숲속을 향해 혼자 걸어가는 바누를 따라가며 이지는 쿠람을 흘겨보았다. 아랑곳하지 않고 쿠람은 풀밭 위에 벌러덩 누워 버렸다.

두 여자아이가 숲속을 한동안 헤맸지만 흔한 바나나조차 발견할 수 없었다. 가끔 원숭이들이 넝쿨을 타고 나뭇가지를 사이를 건너뛰었지만, 두 아이가 들고 있는 몽둥이로 잡기에는 너무 높았다. 화가 치민 이지가 발밑에 떨어져 있는 나뭇가지를 걷어찼다.

쉬이익~.

순간 고무공에서 바람이 빠지는 듯한 소리와 함께 나뭇가지가 꿈틀꿈틀 살아 움직이기 시작했다. 그제야 이지는 자신이 걷어찬 것이 나뭇가지가 아니라 뱀임을 알아차렸다.

"꺄아악!"

족히 2m는 돼 보이는 뱀이 순식간에 이지의 몸을 칭칭 휘감았다.

"도, 도와줘, 바누!"

"조금만 참아!"

바누가 몽둥이로 이지를 감은 뱀의 몸통을 마구 때렸지만 꿈쩍도 하지 않았다. 뱀이 조이는 힘이 점점 강해지며 이지의 얼굴은 파랗게 질려 버렸다. 숨이 턱 밑까지 차오른 이지가 켁켁거리며 눈물을 찔끔거렸다.

아……, 결국 이 머나먼 곳까지 와서 이렇게 죽게 되는 건가? 마지막 순간이 다가오자 버릇처럼 또 주노의 얼굴이 떠올랐다. 한여름 소나기처럼 변덕스런 남자. 그의 얼굴이 떠오르자 갑자기 가슴 저 밑바닥에서 뜨거운 오기 같은 게 솟구쳤다. 하주노 씨, 따지고 보면 이게 다 당신 때문인 거 알아? 당신한테 받은 상처 때문에 횡단보도로 뛰어들었고, 그 결과 이런 이상한 곳으로 미끄러졌어. 알아들었냐고, 나쁜 자식아! 분노를 모아 힘껏 소리를 질렀다고 생각하는 순간, 갑자기 조이는 힘이 약해졌다. 이미의 몸을 목 밑까지 칭칭 휘감았던 뱀은 갑자기 힘을 잃고 떨어졌다.

"후악…… 후악……."

거친 숨을 몰아쉬는 이지를 바누가 질린 듯이 바라보고 있었다.

"이…… 이지…….”

"고마워, 바누. 네가 나를 구했구나?”

"내, 내가 구한 게 아니야.”

질린 듯이 대답하며 바누가 이지의 오른손을 보았다. 이지도 고개를 숙여 보니 손에 든 피 묻은 단검이 보였다. 손잡이가 금장으로 되어 있고 끝이 뾰족한 작은 단검은 여자들의 장식품 같은 것이었다. 이지는 아그라를 떠나기 직전 바누로부터 이 단검을 선물 받았다. 위기의 순간, 이 단검이 목숨을 구해줄 줄은 이지도 예상조차 하지 못했다.

이지가 바누를 향해 싱긋 웃었다.

"이 단검은 바누가 선물한 거잖아. 그러니까 바누가 구한 거나 마찬가지야.”

"이지야!”

바누가 갑자기 이지를 와락 안았다. 눈물을 글썽이며 바누는 말했다.

"이지 너처럼 착한 아이와 친구가 돼서 정말 기뻐. 우리 영원히 변치 말자, 응?”

"물론이지.”

모닥불 위에서 뱀이 지글지글 익어가고 있었다. 이지가 단검으로 살을 한 점 발라 쿠람에게 내밀었다.

"대충 익었으니까 먹어요.”

"으엑! 뱀을 어떻게 먹어?”

"흥! 아직 배가 덜 고프셨구만."

이지는 이번엔 바누를 향해 살점을 내밀었다. 그리고 자신도 한 조각 들었다. 이지와 바누는 고기를 든 채 서로의 얼굴을 보며 잠시 망설였다. 이지가 먼저 눈을 질끈 감으며 고기를 씹었다. 썩 맛있지는 않았지만 못 먹을 정도는 아니었다. 꼭 늙은 닭으로 만든 질긴 고기 같은 맛이었다. 이지와 바누는 고기를 억지로 씹었다. 쿠람은 기어코 입에 대지 않았다.

배가 불러오자 졸음이 쏟아졌다. 이지와 바누는 모닥불 옆에 누워 그대로 잠이 들었다. 쿠람도 결국 두 사람 옆에 쓰러졌다. 하지만 쿠람은 곧 눈을 뜰 수밖에 없었다. 너무 배가 고파서 잘 수가 없었던 탓이다.

"아아……, 배가 고프니 잠도 오질 않네?"

아랫배를 슬슬 문지르며 쿠람은 모닥불 옆 꼬치에 꿰어 있는 뱀 고기를 쳐다보았다. 그것은 아직도 절반 정도 남아 있었다. 쿠람이 네 발로 엉금엉금 다가갔다. 그리고 뱀 고기 앞에 쪼그리고 앉아 한참동안 망설였다. 도저히 왕족이 먹을 음식은 아니었지만 배고픔이 결국 체면을 이겼다. 고기를 한 점 뜯어 우물우물 씹다가 쿠람이 눈을 크게 떴다.

"뭐, 뭐야? 생각보다 맛이 괜찮잖아?"

그때부터 쿠람은 걸신들린 사람처럼 정신없이 먹어치우기 시작했다. 이때 누군가의 목소리가 들렸다.

"흐흐…… 맛있어?"

"으응! 둘이 먹다가 하나가 죽어도 모를 정도로……."

정신없이 고개를 끄덕이다가 쿠람이 고개를 홱 돌렸다.

"누, 누구?"

이지와 시선이 딱 마주친 쿠람은 화들짝 놀랐다.

"아아……, 이건…… 이건 말이지……."

"변명할 필요 없으니까 그냥 먹어요. 그리고 앞으론 남이 무언가 해주기를 바라지만 말고 스스로 남을 위해 무언가 할 수 있는 멋진 남자가 되길 바랄게요."

자존심이 상한 쿠람이 고기를 집어던지며 박차고 일어섰다.

"에퉤퉤! 치사해서 안 먹는다!"

짜증을 부리며 숲속을 향해 걸어가는 쿠람의 뒷모습을 보며 이지는 고개를 설레설레 흔들었다. 우리 왕자님 철들려면 아직 멀었군. 혀를 차며 이지는 하늘을 올려다보았다.

울창한 나뭇가지로 사이로 어느새 하루의 마지막 햇살이 비추고 있었다. 빛은 너무 미약해서 나무 아랫부분은 이미 어두워지기 시작했다. 이지는 눈을 돌려 잠들어 있는 바누를 쳐다보았다. 지난 며칠 간의 여행은 이 씩씩한 친구도 지치게 만들었는지 고운 얼굴이 초췌해져 있었다.

"쿠람은 이렇게 좋은 여자 친구를 왜 의심하고 밀어내려고만 하는 건지, 원."

이지가 고개를 설레설레 흔들고 있을 때, 숲 안쪽에서 비명소리가 들려왔다.

"으아악! 뭐하는 놈들이냐?!"

이지가 소리 나는 방향을 휙 돌아보았다. 바누도 벌떡 상반신을 일으켰다.

"방금 비명 소리가 들리지 않았니?"

"쿠람 왕자가 사라진 쪽이야!"

이지와 바누가 숲 안쪽을 향해 바람처럼 달리기 시작했다.

캉! 캉캉! 카앙!

숲 한복판에서 반월도를 든 건장한 남자 몇이 쿠람과 불꽃을 튀기며 칼날을 부딪치고 있었다. 쿠람은 용감하게 맞섰지만 상대의 숫자가 너무 많았다. 결국 쿠람은 칼을 놓치며 엉덩방아를 찧고 말았다.

"크흑!"

이를 악물며 박차고 일어서려는 쿠람의 얼굴에 남자들의 반월도가 겨누어졌다. 하나같이 얼굴이 지저분한 열 명의 남자들의 눈은 살기로 번들거리고 있었다. 이지와 바누가 팔을 벌리며 쿠람의 앞을 가로막고 나섰다.

"무엄하구나! 이 분이 누군 줄 알고 이러느냐?"

"그 꼬맹이가 대체 누구기에?"

굵직한 중저음의 목소리가 들려온 것은 그때였다. 참 멋진 목소리라고 생각하며 이지는 소리 나는 쪽을 돌아보았다. 남자들과 마찬가지로 지저분한 얼굴에 반월도를 움켜쥔 청년이 똑바로 걸어오고 있는 게 보였다. 쿠람과 비슷한 또래의 청년은 무굴 제국 장교복을 입고 있었는데, 훤칠한 키와 남자답게 생긴 얼굴이 제복과 썩 잘 어울렸다.

바누가 바로 앞에 서는 청년을 향해 눈을 치켜떴다.

"너는 누구냐? 반란군의 두목이냐?"

"나는 무굴 제국 남쪽 변경의 만사브 마하바트 칸이라는 남자다."

"무굴 제국의 만사브라고? 당신이?"

오른 주먹을 왼쪽 가슴에 붙이며 씩씩하게 대답하는 청년을 향해 바누가 눈을 동그랗게 떴다. 바누를 밀치며 쿠람이 앞으로 나섰다.

"그대가 데칸 지역의 만사브 마하바트 칸이란 말이지?"

"그렇다."

다시 한 번 청년의 신분을 확인한 쿠람의 입가에 득의의 미소가 번졌다.

"그럼 어서 무릎부터 꿇으시지."

"무릎을 꿇으라고? 이 마하바트 칸님 보고 말이냐?"

"그렇다."

"너는 목이 몇 개라도 되는 모양이구나?!"

마하바트가 쿠람에게 칼을 겨누는 순간 바누가 빽 소리를 질렀다.

"이 분은 자항기르 대왕의 셋째 아들 쿠람 왕자님이시다!"

"!"

마하바트가 충격으로 눈을 부릅떴다. 나머지 부하들도 당황스러운 눈으로 서로를 보며 나직이 숙덕였다. 당당한 쿠람의 얼굴을 바라보다가 마하바트가 피식 웃었다.

"왕자란 자가 군대도 없이 반란군이 득실거리는 빈디아 산맥을 넘고 있단 말인가? 네놈이 왕자면 나는 왕이다, 이놈아!"

"너…… 너어……!"

어금니를 질끈 깨물고 부들부들 떨던 쿠람이 웃옷을 화악 젖혔다. 동시에 왕자의 목에 걸려 있는 목걸이의 코끼리 문양 펜던트가 드러났다. 금으로 정교하게 만들어진 코끼리를 보자 마하바트도 더 이상 비웃지 못했다. 그 코끼리야말로 왕실을 상징하는 문양이었기 때문이다.

"그, 그럼 네가…… 아니, 그대가 진짜 왕자라는……?"

하얗게 질리는 마하바트를 동정하듯 이지가 한 마디 던졌다.

"그러니까 어서 무례를 사과하고, 정식으로 인사를 올리세요."

그러나 마하바트는 전혀 뜻밖의 반응을 보였다.

"그대가 쿠람 왕자라는 건 인정하겠소. 하지만 나는 그대에게 무릎 꿇을 생각이 없소. 무굴 제국의 만사브는 오직 자항기르 대왕께만 충성할 뿐이오."

"하아."

쿠람이 기가 막힌 듯이 헛웃음을 흘렸다. 왕자로선 분통이 터질지 모르지만 이지는 이 듬직한 청년 장군이 싫지 않았다. 왠지 믿음이 가는 스타일이라고나 할까? 화를 참지 못해 부들부들 떠는 쿠람을 대신해서 바누가 차분하게 설명했다.

"쿠람 왕자님은 단순히 왕족의 신분으로 데칸으로 향하시는 게 아니에요. 반란군에게 연전연패하며 흩어진 군대를 수습해 데칸 지역을 평정하라는 왕명을 받고 가는 길이에요."

"그게 정말이오?"

"물론이에요."

의심스러운 표정으로 묻는 마하바트 칸을 향해 바누가 고개를 끄덕였다. 바누의 얼굴을 뚫어져라 보며 마하바트는 물었다.

"그대는 누구요? 보아하니 귀한 집안의 여인 같소만."

"나의 아버님은 아사프 칸님이세요. 그리고 누르 자한이 저희 고모님 되시죠."

마하바트가 왕자를 만났을 때보다 더 놀랐다.

"총리대신의 딸이자, 왕비의 조카라는……?!"

후훗, 당신도 어쩔 수가 없군. 이지는 이번만은 마하바트도 고개를 숙이리라 생각했다. 그러나 이것 역시 착각이었다. 그는 노골적인 적의를 드러내며 이렇게 말했던 것이다.

"그렇다면 나는 더더욱 여러분에게 협조할 수가 없소."

"대체 뭐가 문제야, 고집불통아?"

분통을 터뜨리는 쿠람을 똑바로 응시하며 마하바트는 말했다.

"총리대신과 왕비야말로 제국을 쇠약하게 만드는 원흉이라고 생각하기 때문이오."

마하바트가 움찔하는 바누의 얼굴을 가리키며 말을 이었다.

"데칸에서 왜 반란이 일어난 줄 아시오? 오래전부터 이 지역을 통치하던 나는 주민들 대부분이 믿는 힌두교를 인정해 주었소. 그런데 얼마 전, 아사프 칸이 파견한 중앙의 관리가 왕비께 바칠 생일 선물을 준비한다면서 굶주린 주민들로부터 세금을 마구 거둬들였소. 주민들이 반항하자 그 작자는 시바 신전을 불태우고 신관들마저 사형시켜 버렸소. 그때부터 반란의 불길이 데칸 지역을 휩쓸기 시작했다는 말이오."

잠시 말을 멈추고 숨을 헐떡이는 마하바트의 얼굴을 쿠람과 바누 그리고 이지가 멍하니 바라보았다. 이지는 마하바트가 점점 마음에 들기 시작했다. 남자란 자고로 저런 강단이 있어야지. 바누가 마하바트를 향해 머리를 조아린 것은 그때였다.

"아버님과 고모님을 대신해 사과드릴게요. 여러분을 고통스럽게 만들어서 정말 죄송합니다."

"……!"

이렇게 되자 마하바트와 부하들은 오히려 당황하는 것 같았다.

"흠흠……, 그렇다고 뭐 꼭 바누님에게 사과를 받겠다는 건 아니고……."

"핫하하하!"

쿠람이 갑자기 웃음을 터뜨렸다. 마하바트와 부하들은 깜짝 놀라 쿠람을 보았다. 한참만에야 웃음을 그친 쿠람이 마하바트를 향해 불쑥 손을 내밀었다.

"이런 정글에서 동지를 만나게 될 줄은 몰랐군. 나와 힘을 합쳐 반란을 진압하고, 아사프 칸과 누르 자한도 쫓아내 버리자고."

마하바트는 콧방귀를 뀌었다.

"수도 아그라에서 지원군이 오지 않아도 우리는 이 정글에서 일 년 넘게 싸워왔소. 이제와 철부지 왕자님과 손을 잡고 싶은 생각은 없습니다."

"내가 능력을 보여주면 따를 텐가?"

"능력을 보여 준다고? 어떻게 말이오?"

"이 손으로 데칸의 심장부인 데칸성을 점령해 보이겠어!"

주먹을 움켜쥐며 전의를 불태우는 쿠람을 이지와 바누가 불안한 시선으로 지켜보았다.

어두운 갈대밭 건너 널찍한 평원 한복판에 자리 잡은 데칸성은 생각보다 허술해 보였다. 진흙을 발라 만든 성벽은 어른 두 명의 키를 합쳐 놓은 높이 밖에 되지 않았고, 주변에 적의 사다리를 막을 해자도 없었다. 성문도 시골 농가의 대문처럼 군데군데 금이 간 상태였다. 성곽 위에는 야만족 십여 명이 졸린 얼굴로 횃불을 밝혀든 채 서 있을 뿐이었다.

갈대밭에 넙죽 엎드린 채 이지, 쿠람, 바누, 마하바트 그리고 그의 십여 명 부하들은 데칸성을 주시하고 있었다. 이지가 마하바트를 향해 물었다.

"데칸의 중심이라고 하기에는 성이 조금 허술하네요?"

"원래 천 명 이하가 머물 수 있는 작은 성이야. 나는 웅장한 성은 주민들에게 불안을 줄 수 있다고 생각했기 때문에 성의 증축을 반대했지. 하지만 살기 좋은 성이었단다."

씁쓸히 중얼거리는 마하바트의 얼굴을 보며 쿠람이 단호히 말했다.

"하지만 우린 저 성을 점령해야만 해."

"너무 무리 아닐까요? 성 안에는 백 명도 넘는 야만족들이 있습니다."

"저 야만족들이 정식 군인은 아니지?"

"농사를 짓는 농부들이었죠."

"그럼 우리가 강하게 치고 들어가면 겁을 먹고 흩어질 확률이 높아. 그리고 이 데칸 지역에는 다른 만사브에게 소속되어 있다가 흩어진 패잔병들이 많다고 했지?"

"족히 수백은 될 거요."

"그래서 저 데칸성을 되찾아야 한다는 거야. 데칸의 중심으로 상징성이 높은 성을 차지한다면 흩어진 패잔병들이 모여들 테니까."

"흐음……."

마하바트가 일리 있는 말이라는 듯 고개를 주억였다. 쿠람이 이지와 바누를 돌아보며 빠르게 말했다.

"이지와 바누!"

"말씀하세요."

"너희는 이곳에 숨어 있다가 우리가 성을 오르기 시작하면 갈대밭에 불을 붙여라. 그럼 성안의 야만족들은 굉장히 많은 병사들이 쳐들어온 줄 알고 기겁할 거야."

"알겠어요."

바누와 고개를 끄덕이며 이지는 철부지 왕자님인 줄만 알았는데 제법이라고 생각했다.

"와아아아~!"

데칸성에서 함성이 울려 퍼졌다. 몰래 밧줄을 걸고 성벽을 기어오른 쿠람과 마하바트 그리고 그의 부하들이 지르는 함성이었다. 쿠람의 예상대로 기습을 받은 야만족들은 혼비백산했다. 갈대밭에 숨어서 이 모습을 지켜보던 이지와 바누는 재빨리 불을 붙였다.

화르르륵!

오랜 가뭄에 바싹 말라붙은 갈대밭은 순식간에 불길에 휩싸였다. 무섭게 타오르는 불길을 확인한 쿠람과 마하바트가 목이 터져라 함성을 지르며 성 안쪽으로 달려 내려갔다. 야만족들은 큰 혼란에 빠졌다. 그들은 성 밖의 불길을 어마어마한 병력이 밝혀든 횃불이라고 착각했다. 그래서 그들은 고작 열 명 남짓한 적군에게 속절없이 밀릴 수밖에 없었다.

"와아아!"

"적의 대군이다! 후퇴해라!"

"북문을 통해 탈출하라! 탈출하라!"

전투는 참으로 싱겁게 끝이 나 버렸다. 백 명도 넘는 야만족들은 무기를 버리고 뿔뿔이 흩어졌다. 성의 광장 한복판에 서서 이지, 바누, 마하바트는 희미한 미소를 머금은 쿠람을 바라보고 있었다. 이지와 다른 사람들 모두 쿠람을 완전히 다시 보게 되는 순간이었다.

쿠람이 마하바트를 힐끗 돌아보았다.

"마하바트."

"예? 아, 예."

마하바트는 많이 공손해져 있었다. 젊은 만사브를 향해 쿠람이 거

침없이 명령을 내렸다.

"부하들을 둘로 나누어 반은 성문을 지키게 하고, 나머지 반은 북문을 지키게 하라."

"아, 알겠습니다."

쿠람이 이번엔 이지를 불렀다.

"그리고 이지!"

"예?"

"너는 창고로 가서 식량이 얼마나 있는지 확인해라. 그리고 배가 고프구나. 저녁부터 만들어서 먹도록 하자."

고개를 끄덕이는 이지 옆으로 바누가 재빨리 나섰다.

"저도 이지를 돕겠어요."

"흥, 그러든가 말든가."

쿠람이 콧방귀를 뀌며 돌아섰다. 광장 너머 투박한 성채를 향해 걸어가는 그의 뒷모습을 보며 바누는 섭섭한 표정을 감추지 못했다. 이지가 위로하듯 말했다.

"너무 섭섭하게 생각하지 마. 왕자님도 내심 고마워하고 있을 거야."

바누가 이지를 돌아보며 억지로 웃었지만 눈가는 이미 촉촉이 젖은 채였다.

터엉!

"자, 드세요!"

좁고 누추한 방안의 탁자에 앉아 있는 쿠람 앞에 이지가 스튜 그릇을 소리 나게 내려놓았다. 토마토 스튜에 코를 대고 킁킁 냄새를 맡으며 쿠람은 어김없이 불평을 늘어놓았다.

"뭐야, 또 스튜냐? 너는 요리 솜씨가 없을 뿐 아니라, 만들 줄 아는 요리도 몇 가지 안 되는 모양이구나?"

제발 입 좀 닫고 먹기나 하시지. 불평쟁이 왕자를 이지는 사납게 째려보았다. 스튜를 먹기 시작하며 쿠람이 물었다.

"그래, 식량은 충분하냐?"

"당분간 견딜 수 있을 것 같아요."

"그나마 천만다행이구나."

"그런데 바누한테 대체 왜 그러는 거예요?"

"내가 뭘?"

"정말 몰라서 물어요?"

"모르니까 묻지."

"왕자님은 바누 덕분에 왕궁을 무사히 빠져나올 수 있었어요. 데칸에 와서도 바누에게 많은 도움을 받았고요. 그런데 왜 아직도 그녀를 믿지 못하고, 아픈 말만 골라서 하는 거죠?"

쿠람이 소고기 조각을 우물거리며 대수롭지 않게 대답했다.

"바누는 나를 잡아먹지 못해서 안달인 총리대신과 왕비의 편이야. 너도 잘 알잖아?"

"아니요. 바누는 아버지와 고모를 저버리면서까지 왕자님을 돕고 있어요. 왕자님을 사랑하는 바누의 마음을 정말 모르겠어요?"

쨍강!

쿠람이 탁자 위에 숟가락을 집어던졌다. 놀란 이지는 입을 다물었다. 한동안 씩씩대며 이지를 째려보던 쿠람이 나직이 내뱉었다.

"나는 바누가 아니라 너를 좋아하고 있어."

"뭐, 뭐라고요?"

"네가 만든 스튜는 실은 눈물이 날 정도로 맛있어. 그리고 죽은 어머니를 떠올리게 하지. 그래서 너를 좋아하게 된 것 같아."

"아아……."

이지는 입을 쩍 벌린 채 낮은 신음만 흘렸다. 어떻게든 쿠람의 마음을 돌려야 한다고 생각했다. 하지만 귓불까지 빨갛게 물들인 채 자신을 쳐다보는 쿠람에게서 주노의 모습을 떠올린 이지는 망설이고 있었다. 가슴이 쿵쾅거리며 손안에 땀이 차기 시작했다. 이지는 일단 어색한 자리를 피해야겠다고 생각하고 고개를 가로저으며 입구를 향해 돌아섰다.

'정신 차려, 윤이지. 너는 바누의 친구야.'

하지만 돌아선 그 순간, 이지는 귀신이라도 본 사람처럼 경악하고 말았다. 하얗게 질린 얼굴로 서 있는 바누와 딱 마주쳤기 때문이다.

"……."

두 사람은 한동안 아무 말도 못 하고 서로의 얼굴을 마주보았다. 바위처럼 무거운 침묵이 두 사람의 어깨를 짓눌렀다. 바누가 천천히 뒷걸음을 쳤다. 그리고 홱 돌아서서 도망치듯 달려갔다.

"바누, 기다려!"

바누를 쫓아가는 이지의 어깨 너머에서 쿠람이 외쳤다.

"가게 내버려 둬!"

이지가 우뚝 멈춰 섰다. 그리고 성난 눈으로 쿠람을 돌아보며 소리쳤다.

"닥쳐, 나쁜 자식아!"

바누는 밤하늘 높이 솟은 성채의 옥상 난간에 서 있었다. 이지는 숨을 헐떡이며 구름 사이로 살짝 얼굴을 비친 초승달을 올려다보는 바누의 뒷모습을 지켜보고 있었다. 간신히 숨을 고른 이지가 바누를 향해 천천히 다가갔다.

"바누, 정말 미안해."

바누가 이지를 향해 천천히 돌아섰다. 그녀의 입가에는 선량한 미소가 걸려 있었다. 그러나 이지의 눈에는 똑똑히 보이는 것 같았다. 그 미소에 감춰진 짙은 슬픔이.

"네 잘못이 아닌 걸 알고 있어, 이지. 하지만…… 하지만 왜 이리 마음이 아픈지……."

바누의 눈에서 결국 눈물이 주르륵 흘렀다. 이지는 상처 입은 작은 새처럼 떨고 있는 바누를 살며시 안아주었다.

"다 잘될 거야, 바누. 너는 진심으로 쿠람을 사랑하고 있고, 세상에 진정한 사랑만큼 큰 힘은 없다고 내가 읽은 책에 똑똑히 적혀 있어."

이지의 위로에도 바누의 울음은 쉬 그치지 않았다. 이지도 왠지 서

글퍼져 눈물을 글썽였다. 서로를 끌어안은 채 흐느끼는 두 소녀를 희미한 달빛이 어루만져 주고 있었다.

땡~ 땡~ 땡~ 땡~

요란하게 울리는 종소리에 같은 침대에서 자고 있던 이지와 바누는 동시에 눈을 떴다.

"대체 무슨 일이지?"

"문제가 생긴 것 같은데?"

성문 위 성곽으로 이지와 바누는 급히 달려갔다. 쿠람과 마하바트가 이미 성문 밖을 내다보고 있었다. 쿠람이 힐끗 돌아보았지만 이지는 깨끗이 무시하고 마하바트를 향해 물었다.

"대체 무슨 일이죠, 만사브님?"

"저길 봐라."

마하바트가 손가락으로 지난 밤 이지와 바누가 불태운 갈대밭 쪽을 가리켰다. 검게 그을린 땅바닥 너머 숲속에서 걸어 나오는 사람들의 그림자가 보였다. 처음 만났을 때의 마하바트처럼 지저분한 얼굴에 남루한 군복을 입은 그들은 무굴 제국의 패잔병들이었다.

이지가 질린 듯이 중얼거렸다.

"저, 정말 패잔병들이 모여들고 있군요?"

쿠람이 자랑스럽게 말했다.

"내가 뭐라고 했어? 데칸성을 차지하면 저들을 모을 수 있다고 했잖아."

틀린 말은 아니었지만 이지는 쿠람이 얄미워 찌릿 째려봐 주었다. 이봐요, 왕자님. 잘난 척은 그만하시고 정혼녀한테 사과부터 하시죠. 이지의 마음을 읽었는지 쿠람이 바누를 힐끗 보았다. 하지만 시선을 마주치기 쑥스러웠는지 황급히 성문을 향해 내려갔다.

"나는 새로운 병사들을 맞이하러 가야겠다."

그날 성으로 모여든 패잔병은 백 명이 넘었다. 쿠람과 마하바트는 야만족들이 버리고 간 무기로 그들을 다시 무장시키느라 오전 내내 정신이 없었다. 이지와 바누는 그 많은 병사들이 먹을 점심식사를 준비하느라 역시 눈코 뜰 새 없이 바빴다. 엄청난 크기의 냄비에서 부글부글 끓는 커리를 휘젓다 말고 이지는 가끔 고개를 돌려 분주히 움직이는 바누를 쳐다보았다. 그녀의 얼굴은 다시 밝아져 있었다. 하지만 이지는 그것이 오히려 더 불안했다.

땡~ 땡~ 땡~ 땡~

막 점심식사를 끝낼 무렵, 종소리가 처음보다 더 급박하게 울렸다. 방 안에서 바누와 둘이서 커리를 먹다가 이지는 다시 성문 위로 달려갔다. 이번에도 쿠람과 마하바트가 심각한 얼굴로 아래쪽을 응시하고 있었다.

"또 다른 패잔병들인가요?"

쿠람이 퉁명스러운 목소리로 대답했다.

"이번엔 패잔병이 아니라 적이다. 지난밤에 쫓겨났던 야만족들이 친구들을 잔뜩 데리고 돌아왔어."

"어, 얼마나 되는데요?"

"글쎄……, 한 천 명쯤."

이지와 바누는 서로의 얼굴을 바라보며 입을 쩍 벌렸다.

"맙소사…… 천 명씩이나……?!"

바누가 쿠람을 향해 걱정스럽게 말했다.

"어떡하면 좋죠? 우린 저들의 십분의 일 밖에 되지 않아요."

쿠람이 태연히 성 밖을 내다보며 미소를 지었다.

"얼마 전까지만 해도 백분의 일이었어. 그나마 백 명이라도 모인 걸 다행으로 생각해."

그 말을 끝내자마자 쿠람이 반월도를 번쩍 쳐들었다.

"모두 전투 준비! 야만족이 성벽을 기어오르지 못하게 막아야 한다!"

쿠람의 명령을 받아 마하바트 역시 반월도를 붕붕 휘두르며 부하들에게 소리쳤다.

"전투 준비! 전투 준비! 위대한 무굴의 전사는 패배를 모른다!"

"와아아아―!"

일제히 칼을 흔들며 함성을 지르는 병사들을 보자 이지는 불안한 마음이 조금은 진정되는 것 같았다. 하지만 성 밖을 내다보는 이지의 얼굴은 다시 절망으로 굳어졌다. 불 탄 갈대밭을 뒤덮은 수많은 야만족들이 창과 기다란 사다리를 들고 전진해 오고 있었기 때문이다.

"바누, 어쩌면 좋지?"

"걱정 마. 우리가 이길 거야."

불안에 떠는 친구를 안심시키며 바누는 바닥에 떨어져 있던 몽둥이를 움켜잡았다. 그리고 이지에게도 하나 건네주었다. 몽둥이를 힘주어 잡으며 이지는 자신을 이런 전쟁터로 떨어뜨린 신을 원망했다.

"우와아아아~!"

이때 성 밖에서 엄청난 함성이 들리더니 야만족들이 일제히 성문을 향해 돌진하기 시작했다. 그것을 신호로 본격적인 공성전이 시작되었다. 야만족은 두 개의 부대로 나뉘어 공격해 왔는데, 후미의 부대는 그리 높지 않은 성곽을 향해 창을 던졌고 앞쪽 부대는 사다리를 걸고 성벽을 기어올랐다. 쿠람과 마하바트를 중심으로 한 병사들은 돌을 던지거나 장대로 사다리를 밀어내며 야만족들을 막아냈다. 점심 때 시작된 전투는 하늘에 핏빛 노을이 깔릴 때까지 계속되었다. 모두 지쳤지만 누구도 포기하지 않았다.

"꺄악! 저리 가! 저리 가!"

"오지 마! 나한테 오지 말란 말이야!"

이지와 바누도 몽둥이를 휘두르며 용감하게 싸웠다. 하지만 가장 용감한 사람은 쿠람이었다. 쿠람은 성곽 위로 뛰어올라 반월도를 높이 쳐들고 지친 병사들에게 힘을 불어넣었다.

"물러서지 마라! 자항기르 대왕의 아들 쿠람이 너희와 끝까지 함께 싸울 것이다!"

전사 중의 전사인 마하바트조차 우박처럼 쏟아지는 창날을 노려보며 우뚝 서 있는 쿠람을 질렸다는 듯이 보곤 고개를 흔들었다. 이지도 그런 쿠람을 보며 철부지 왕자에게 뜻밖에도 투사의 피가 흐르고 있음을 깨달았다. 쿠람의 멋진 모습을 보자 이지는 또 얼굴이 화끈거렸다. 하지만 이지는 바로 옆에서 용감하게 싸우는 바누를 보며 "철부지 왕자님은 내 남자가 아니야. 그의 운명의 짝은 따로 있어."라며 마음을 다잡았다.

전투는 밤이 깊어서야 끝이 났다. 야만족은 결국 성을 함락시키지 못하고 퇴각했다.

"우리가 이겼다!"

"와아아아!"

쿠람이 성곽 위에 올라서서 칼을 쳐들고 외치자 병사들이 함성으로 화답했다. 하지만 멀쩡한 병사가 단 한 명도 없을 정도로 이쪽의 피해도 만만치 않았다. 쿠람은 뺨과 팔뚝에서 피가 흐르고 있었고 마하바트는 어깻죽지에 부러진 화살이 꽂혀 있었다. 이지는 너무 지쳐서 당장 주저앉고 싶었지만 부상자들을 버려둘 수는 없었다. 결국 새벽이 뿌옇게 밝아올 때까지 이지와 바누는 병사들을 치료하며 돌아다녔다.

다음 날에도, 그 다음 날에도 공성전은 계속되었다. 쿠람과 마하바트는 부하들을 잘 지휘해서 훌륭하게 막아냈다. 하지만 성을 포위한 야만족의 숫자는 점점 늘어만 갔다. 시간이 흐를수록 희망보다는 절망이 데칸성을 채우기 시작했다. 그 불길한 감정은 마치 역병처럼 소리 없이 번져 병사들을 지치게 만들었다. 그렇게 열흘쯤 지나자 혈기

왕성하던 쿠람마저 어깨를 축 늘어뜨린 채 돌아다니기 시작했다.

보름달이 둥실 떠오른 한밤중에 이지와 바누는 성문 위쪽 성곽으로 올라왔다. 쿠람과 마하바트가 나란히 서서 달빛을 반사하는 텅 빈 평원을 바라보고 있었다. 평원 너머 숲속에서 이상한 소리가 들려왔다.

"우우~~ 우~~ 우우우~~"

늑대의 울부짖음 같은 그 소리는 그러나 사람의 소리 같기도 했다. 여러 사람이 입을 모아 괴성을 지르는 것 같은 소리는 기분을 굉장히 불쾌하게 만들었다.

이지가 긴장한 마하바트를 향해 물었다.

"저게 무슨 소리예요?"

"야만족이 자신들의 신인 시바에게 제를 올리는 소리다. 천 명이 넘는 자들이 보름달을 향해 입을 모아 짐승처럼 소리를 지르는 것이지."

"저게 사람의 소리라고요?"

바누도 불안한 듯 물었다. 마하바트가 고개를 끄덕였다.

"시바 여신의 환생을 부르는 소리야. 오늘처럼 보름달이 떠오른 밤이면 수천, 수만의 야만족이 모여 하늘을 우러르며 신이 내려오시길 간청하지. 그리고 한쪽에서는 자갈길에 기름을 끼얹고 불을 붙이고."

"자갈은 왜 달구는데요?"

"그 뜨거운 자갈길을 맨발로 걷는 소녀가 나타나면 그녀를 시바의 환생으로 인정하는 거야."

"그렇군요."

소리가 들려오는 숲을 노려보며 쿠람이 짜증스럽게 말했다.
"지금 야만족들의 의식을 궁금해 할 때가 아니야. 내일 날이 밝으면 저들은 더욱 세차게 공격해 올 테고, 그러면 우리도 더 이상은 버티지 못할 거야."
바누가 스윽 고개를 돌려 절망에 물든 쿠람의 옆얼굴을 보았다. 지난 열흘 동안 왕자는 훌쩍 성장한 것처럼 보였다. 하지만 광대뼈가 선명해진 볼과 움푹 들어간 눈은 그가 얼마나 지쳐 있는지 알려주는 듯했다. 오늘 밤이 지나면 모처럼 힘을 냈던 그는 완전히 좌절할지도 모른다. 그러기 전에 무슨 수를 내야 한다고 바누는 생각했다.

"야만족들의 진영으로 가겠다는 거야?"

북문을 통과하는 바누를 향해 이지가 소스라치게 놀라 물었다.

"쉬잇!"

바누가 입술에 재빨리 손가락을 댔다. 살금살금 걸음을 옮기며 바누는 설명했다.

"오늘 밤이 지나면 견딜 수 없을 거라고 왕자님은 말했어. 그 전에 방법을 찾아야지."

"하지만 어떻게? 우리 둘이 적의 진영으로 간다고 해서 뾰족한 수가 생기겠니?"

골똘히 생각에 잠긴 채 걸음을 옮기며 바누는 입술을 깨물었다.

"나는 달궈진 자갈길을 끝까지 걸어서 시바 여신의 환생이 될 거야. 그럼 야만족을 설득할 수도 있겠지."

"바누, 그건 너무 무모해."

이지가 우뚝 걸음을 멈추며 소리쳤다. 바누도 따라 멈추며 이지를 돌아보았다. 달빛을 받아 빛나는 바누의 얼굴을 마주하는 순간, 이지는 흠칫 놀라고 말았다. 그녀의 얼굴은 흔들리지 않을 결심으로 굳어 있었다. 아…… 바누는 쿠람을 위해서 목숨까지 던질 결심이구나. 대체 사랑이 무엇이기에 연약한 여자아이를 이처럼 강하게 만드는가.

바누는 이지를 향해 조용히 말했다.

"이지, 너는 이쯤에서 돌아가도록 해."

"하, 하지만……."

"네 말대로 이번 일은 너무 위험해."

이지는 선뜻 대답하지 못하고 망설였다. 바누를 혼자 보내고 싶지는 않았지만, 그렇다고 피에 주린 짐승의 울부짖음 같은 소리가 들려오는 숲을 가로질러 야만족의 진영으로 가고 싶지도 않았다. 이때 바누가 망설이듯 입술을 달싹였다.

"저기……, 이지. 부탁 하나만 해도 될까?"

"응?"

"만약 내가 돌아오지 못하면 대신 쿠람 왕자님을 돌봐 주었으면 좋겠어. 겉으론 강한 척하지만 실은 약한 남자야. 요즘 모처럼 힘을 냈는데, 다시 넘어지지 않도록 네가 붙잡아 준다면……."

"그만! 그만해!"

이지가 소리를 지르며 바누를 와락 안았다.

"같이 가자. 야만족들에게 우리가 얼마나 무서운 여자들인지 똑똑히 보여 주자고!"

시바의 환생

"우우우~~ 우우~~ 우오오오오~~"

숲을 지나자 널찍한 평지 한복판에 산더미처럼 쌓인 장작이 활활 타오르고 있었다. 불길은 밤하늘에서 한껏 부푼 보름달까지 닿을 듯이 치솟고 있었다. 맨 상의에 울긋불긋 물감을 칠한 야만족들이 장작불을 맴돌며 춤을 추고 있었다. 머리를 흔들며 미친 듯이 춤추는 그들은 꼭 달빛의 세례를 받아 늑대로 변신하려는 것처럼 보였다.

모닥불 근처에는 수십 미터는 됨직한 자갈길이 깔려 있었다. 자갈길에서는 파란 불꽃이 일렁였다. 마하바트의 말대로 자갈 위에 기름을 끼얹고 불을 붙인 것 같았다.

이지와 바누는 광장에 빙 둘러서서 구경하는 여자들과 아이들 틈에 끼어 점점 더 격하게 춤추는 야만족 전사들을 지켜보고 있었다. 갑자기 소리가 뚝 그치더니, 춤도 멈추었다. 전사들은 마네킹처럼 딱딱하게 굳은 채 달을 올려다보고 있었다. 마치 달의 힘을 빌려 마지막 변신을 끝내려는 늑대 무리처럼.

이때 대장으로 보이는, 화려하게 차려입은 젊은 남자가 앞으로 나섰다. 그리고 구경하는 여자들과 아이들을 향해 창을 흔들며 우렁차게 외쳤다.

"나, 벵골족의 족장 아수란은 방금 신탁을 받았노라! 시바께서는 저 이교도들 때문에 고통 받는 우리를 불쌍히 여기시어 환생하실 것을 약속하셨다! 자, 그대들 중에 누가 저 불타는 자갈길을 걸어 신의 환생임을 증명하겠는가?"

낮은 웅성거림이 여인들과 아이들 사이로 번졌다. 그러나 선뜻 나서는 사람은 없었다. 이지는 당연한 일이라고 생각했다. 누군들 지글거리는 자갈길을 수십 미터나 맨발로 걸어갈 수 있겠는가. 침묵이 길어지고 있을 때, 이지의 바로 옆에서 바누가 번쩍 팔을 쳐들었다.

"저요! 제가 하겠어요!"

모든 야만족 여자들과 아이들 그리고 전사들의 시선이 일제히 바누에게 집중되었다. 바누가 앞으로 나서며 당당하게 말했다.

"제가 바로 신탁을 받은 시바신의 환생입니다."

아수란이라는 족장이 눈을 사납게 치켜뜨고 바누를 쏘아보았다.

"너는 우리 남부 사람이 아니구나? 게다가 그 옷차림은 이슬람식이 아니냐?"

입술을 꼭 깨물고 침묵하는 바누의 귀에 대고 이지가 속삭였다.

"그냥 옷만 빌려 입은 거라고 해. 알았지?"

하지만 바누는 아수란을 똑바로 쳐다보며 솔직하게 말했다.

"맞아요. 저는 저 데칸성 안에서 싸우고 있는 쿠람 왕자의 정혼녀예요."

"윽! 대체 어쩌려고 그래, 바누?"

아수란을 비롯한 전사들의 눈에서 당장 살기가 번뜩이기 시작했다.

"무굴 제국의 첩자로구나?"

"당장 처형해야 합니다, 족장!"

"저 계집이 우리의 시바를 모욕하고 있습니다!"

바누가 갑자기 버럭 고함을 질렀다.

"당신들의 시바 신은 그렇게 옹졸한 분이었나요?!"

순간, 이지는 똑똑히 보았다. 아수란의 눈에서 횃불 같은 것이 화르륵 타오르는 것을. 족장이 살기를 뚝뚝 흘리며 으르렁거렸다.

"다시 한 번 우리의 신을 모욕해 봐라. 너와 네 친구를 가장 끔찍한 방법으로 해치워 버릴 테니."

"으으……."

겁에 질린 이지가 양손으로 목을 감쌌다. 하지만 바누는 끄떡도 하지 않았다.

"그럼 묻겠어요? 당신들의 신 시바는 힌두교도들만의 신인가요, 아니면 이슬람교도까지 모두 다스리는 신인가요?"

"시바께서는 천지만물을 모두 지배하신다!"

"그렇다면 그 위대한 신께서 북부 이슬람 소녀의 몸을 통해 환생하신다 해도 이상할 게 없지 않나요?"

말문이 막힌 아수란이 이를 악물었다. 그리고 한동안 바누를 잡아먹을 듯이 쏘아보았다. 한참만에야 아수란이 창끝으로 파란 불꽃이 일렁이는 자갈길을 가리켰다.

"좋다. 그럼 너 스스로 증명해 보아라. 성공한다면 예우하겠지만, 실패한다면 목숨을 내놓아야 할 것이다."

"좋아요."

"바누, 정말 괜찮겠어? 너무 위험해 보여."

자갈길을 향해 걸음을 옮기는 바누를 따라붙으며 이지가 초조한 듯 말했다. 하지만 바누는 이미 모든 것을 각오한 표정이었다. 마침내 바누와 이지가 자갈길 입구에 섰다. 두 사람의 주위를 아수란과 전사들 그리고 벵골족 여자들이 빙 에워쌌다. 이지는 시험 삼아 엄지발가락 끝을 자갈에 살짝 대어보았다.

"앗, 뜨거!"

어찌나 뜨거운지 이지는 펄쩍 뛰어올랐다. 이지가 질린 눈으로 바누를 돌아보았다. 바누는 염려 말라는 듯 미소를 머금은 채 고개를 끄덕였다.

"바누……."

걱정으로 눈물을 글썽이는 이지를 스쳐 마침내 바누가 자갈 위에 첫 발을 내딛었다. 바누조차 그 뜨거움에 질렸는지 순간적으로 움찔했다. 하지만 잠시 고통을 견디던 바누는 다시 발을 내딛었다. 바누는 그렇게 천천히 자갈을 밟고 걸음을 옮기기 시작했다.

"오오……, 대단하다!"

"표정조차 찡그리지 않다니?"

"혹시 정말 시바 신의 환생이 아닐까?"

탄성을 지르는 뱅골족과 함께 이지는 바누를 따라 걸었다. 바누의 얼굴은 평온해 보였지만 이지는 알고 있었다. 그녀가 얼마나 초인적인 인내력으로 버티고 있는지를. 어느새 바누는 자갈길의 절반을 지나고 있었다. 조금만……, 이제 조금만 더…….

"아악!"

하지만 역시 사람에게는 한계라는 것이 있다. 자갈길을 삼분의 일 정도 남겨둔 상태에서 바누는 견디지 못하고 무릎을 꿇어 버렸다. 아수란이 보통 사람의 것보다 두 배쯤 큰 반월도를 뽑아들고 다가왔다.

"흐흐……, 제법 노력했다만 여기까지가 한계인 모양이구나?"

"기다려요!"

이지가 아수란을 막으며 외쳤다.

"실은 신탁을 받은 것은 바누뿐만이 아니에요. 나도 친구와 함께 신탁을 받았어요. 그러니 나머지 길은 내가 대신 걸어도 되겠죠?"

아수란이 잠시 고민하는 듯 눈알을 뒤룩거렸다. 뒤쪽에 서 있던 뱅골족이 아우성을 치기 시작했다.

"하게 합시다, 족장!"

"지금껏 이만큼 걸어온 아이도 없었지 않소!"

"우리는 저 아이들이 시바 신의 환생이라는 생각이 듭니다!"

결국 아수란도 칼을 내리고 고개를 끄덕일 수밖에 없었다.

바누가 땀투성이 얼굴로 이지를 향해 걱정스럽게 물었다.

"정말 할 수 있겠니?"

"후훗~ 네가 반 넘게 왔잖아. 나머지는 일도 아니라고."

바누를 안심시키며 씩씩하게 자갈길에 올랐지만, 이지는 즉시 후회를 했다. 발바닥이 지글지글 익어가는 것 같았기 때문이다. 여신처럼 우아하게 걸음을 디뎠던 바누와는 달리 이지는 불판 위에서 튕겨 오르는 콩알처럼 오두방정을 떨며 내달렸다.

"뜨거! 뜨거! 뜨거워서 미칠 것 같아아ㅡ!"

우당탕!

결국 자갈길이 끝나자마자 이지는 땅바닥으로 뒹굴고 말았다. 벌겋게 부어오른 발을 부여잡고 데굴데굴 구르는 이지를 바누와 아수란 그리고 벵골족들이 황당한 듯이 내려다보았다. 바누가 이지를 부축해 일으키며 아수란을 향해 억지로 웃었다.

"어, 어쨌든 통과한 거 맞죠?"

"……."

아수란이 눈을 치켜뜨고 이지와 바누의 얼굴을 지그시 바라보았다. 한참만에야 그가 고개를 끄덕였다.

"어쨌든 약속은 약속이다. 너희 둘을 시바 여신의 환생으로 인정하마."

"정말 잘됐어!"

손을 맞잡고 환하게 웃는 이지와 바누를 향해 벵골족이 팔을 처들며 환호를 보냈다.

"와아아-! 시바께서 환생하셨다!"

"시바 만세! 힌두교 만세!"

"벵골족 만만세!"

벵골족은 약속대로 이지와 바누를 극진하게 대접했다. 두 사람은 살아 있는 신으로 대접을 받았다. 언뜻 보기에도 헐벗고 굶주린 벵골족은 앞다퉈 두 사람이 머물고 있는 천막으로 생선과 고기 그리고 과일 등을 날라 왔다. 헐벗은 어린아이들이 바나나를 바치러 왔을 때, 이지와 바누는 눈물이 핑 돌고 말았다. 뼈만 앙상한 아이들의 얼굴을 보자 가슴이 미어지는 듯했다. 이지가 바누를 향해 의아한 듯이 물었다.

"자세히는 모르지만 무굴 제국은 수도 아그라를 비롯해 나라 전체가 풍요로워 보였어. 그런데 왜 빈디아 산맥 너머 남쪽 지역만 가난한 거니?"

바누가 우울한 얼굴로 대답했다.

"혹시 인도가 원래 힌두교 국가라는 건 알고 있어?"

"응, 그건 알아."

"무굴 제국은 페르시아에서 건너온 이슬람교도들이 세운 나라야. 전대 왕들은 인도 전역을 정벌하며 힌두교 대신 이슬람교를 믿도록 강요했지. 그런데 빈디아 산맥 너머의 남쪽 변경은 워낙 고립된 지역인데다가, 가장 나중에 제국에 편입되는 바람에 아직도 힌두교에 대한 믿음이 강해. 당연히 중앙 정부에도 적대적이지. 이런 사정으로 벵골족을 비롯한 여러 부족들은 가난해질 수밖에 없었고, 근래 들어 가뭄까지 겹치며 더 살기 힘들어지게 된 거야."

"그런데 왕궁에서 파견한 관리가 착취까지 하니 반란이 일어난 거로구나?"

"후우우~ 고모님의 생일선물을 준비하느라 관리를 파견한 사람이 바로 우리 아버님이야."

"으음……."

이번만은 이지도 바누를 위로할 수가 없었다. 잠시 생각에 잠겨 있던 이지가 말했다.

"반란은 이 사람들의 잘못이 아니야. 무의미한 싸움을 당장 멈춰야 해."

바누가 동의하듯 고개를 끄덕였다.

"그래서 우리가 발바닥이 부르트면서까지 사바 여신의 환생이 된 거잖니?"

이때 아수란이 휘장을 젖히고 천막 안으로 들어왔다.

"그래, 잘들 쉬고 계신가?"

"우리가 바라는 건 이런 환대가 아니에요."

바누가 앞에 널려 있는 생선과 과일 등을 가리키며 말을 이었다.

"우리가 원하는 건 평화예요. 날이 밝는 대로 아수란 족장이 직접 데칸성으로 가서 쿠람 왕자와 협정을 맺도록 하세요."

아수란의 표정이 험악하게 변했다.

"우리 보고 항복을 하라는 말이냐?"

"항복이 아니라 화해를 하라는 거예요."

"화해를 청할 사람은 이슬람교도들이다! 놈들은 평화로운 우리 땅에 들어와 사원을 불태우고 재물을 약탈했어! 그런데 왜 우리가 먼저 머리를 숙여야 하지?"

아수란이 흥분하자 이지는 덜컥 겁이 났다. 하지만 바누는 침착했다.

"아수란 족장은 무굴 제국과 싸워서 정말 승리할 자신이 있나요?"

"!"

아수란이 당황하는 걸 바누는 놓치지 않았다.

"지금 데칸성을 되찾는다 해도 머지않아 빈디아 산맥을 넘어 더 많은 군대가 들이닥칠 거예요. 결국 뱅골족을 비롯한 남쪽의 부족들은 모두 노예가 될 수밖에 없겠죠. 족장님은 저 순진한 아이들과 여자들이 쇠사슬에 묶여 아그라로 끌려가는 모습을 보고 싶으세요?"

"끄으으……."

분노를 억누르기 힘든 듯 아수란이 부들부들 떨었다. 바누가 착 가라앉은 목소리로 쐐기를 박았다.

"쿠람 왕자님은 남쪽 백성들의 아픔을 헤아리는 분이세요. 그 분은 대왕과 왕비 앞에서 가뭄에 시달리는 백성들의 편을 들었다가 이곳으로 쫓겨났지요. 시바가 저희들을 통해 환생하신 데는 분명 이유가 있을 거예요. 저희가 다리를 놓을 테니, 제발 협상하도록 하세요."

"……."

아수란이 바누의 얼굴을 한동안 지그시 쏘아보았다. 바누도 아수란의 눈빛을 담담히 받아내고 있었다. 이지만 초조한 눈빛으로 두 사람의 얼굴을 번갈아 보았다.

아수란이 마침내 표정을 풀며 말했다.

"너희가 나서 준다면 협상을 해 보겠다."

"고마워요. 정말 잘 생각하신 거예요."

바누와 이지가 서로를 마주보며 환하게 미소 지을 때, 바깥에서 갑자기 함성이 들려왔다.

"와아아아!"

"적이다! 제국 군대의 습격이다!"

이게 대체 무슨 소리지? 이지가 눈을 동그랗게 뜨고 당황하는 바누의 얼굴을 보았다. 아수란이 커다란 반월도를 뽑으며 달려 나갔다.

"괘씸한 놈들, 그냥 두지 않겠다!"

이지와 바누도 아수란을 쫓아갔다.

"지금 전투가 벌어져선 안 돼! 어떻게든 막아야 해!"

캉! 캉캉! 카앙!

밖으로 나오자 병장기 부딪히는 소리와 기합 소리가 요란했다. 화창한 하늘 아래서 쿠람과 마하바트가 이끄는 군대와 벵갈족 전사들이 치열하게 싸우고 있었다. 선두에서 용감하게 칼을 휘두르는 쿠람의 모습이 보였다.

"이지! 이지! 대체 어디에 있는 거야?"

자신을 찾는 쿠람의 소리에 바누와 나란히 선 이지가 미안한 듯 친구의 얼굴을 돌아보았다. 바누가 사소한 일에 신경 쓸 겨를이 없다는 듯 급히 말했다.

"늦기 전에 싸움을 말려야만 해!"

이때 마침 아수란이 쿠람의 앞을 가로막았다. 족장이 커다란 반월도로 쿠람을 겨누며 일갈했다.

"네가 쿠람이란 애송이냐?"

"그렇다! 너는 누구냐?"

"벵골족의 족장 아수란님이시다!"

아수란이 무시무시한 기세로 덤벼들었다. 쿠람도 이를 악물며 칼을 휘둘렀다.

츠카앙-!

두 사람의 칼날이 부딪히는 순간, 시퍼런 불꽃이 작렬했다. 하지만 쿠람의 작은 칼이 아수란의 칼을 당해내기엔 역부족이었다.

"크아악!"

코피를 쏟으며 왕자는 너울너울 날아갔다. 땅바닥을 정신없이 뒹구는 쿠람을 향해 아수란이 달려들었다.

"당장 멈추세요, 아수란 족장!"

일촉즉발의 순간, 바누가 양팔을 벌려 쿠람의 앞을 막아섰다. 아수란은 양손으로 잡은 칼을 쳐든 채 바누를 잡아먹을 듯이 노려보았고, 이지는 바로 옆에 서서 그들을 초긴장의 시선으로 지켜보고 있었다. 아수란이 자신의 정수리를 노리고 칼을 내리치는 순간, 바누가 절규하듯 외쳤다.

"나는 시바 신의 환생이에요! 그대는 그대의 신을 해칠 작정인가요?"

거대한 칼날이 바누의 머리 바로 위에서 우뚝 멈추었다. 칼날과 머리카락과의 간격은 불과 이삼 센티미터. 심장이 떨어질 만큼 놀란 이지가 가슴을 쓸어내리며 길게 숨을 몰아쉬었다.

"후우우."

"아수란, 승부는 지금부터다!"

힘겹게 일어선 쿠람이 다시 반월도를 쳐들고 달려 나갔다. 이지가 양팔을 벌린 채 막아서며 소리쳤다.

"당장 그만두지 못해요?!"

쿠람이 황당하다는 듯이 말했다.

"너희들 대체 왜 그래? 우린 너희를 구하려고 성문까지 열고 나왔다고!"

이지가 그런 쿠람에게 얼굴을 바싹 들이밀고 협박조로 말했다.

"당장 전투를 멈추세요. 그리고 바누가 하는 말에 귀를 기울여요."

"대체 무슨 말을 하는 건지, 원."

툴툴거리면서도 쿠람은 전투 중지를 명령했다. 아수란도 같은 명령을 내렸다. 양측 병사들이 거리를 두고 물러섰다. 상황이 정리되자 쿠람, 마하바트, 아수란은 이지와 바누를 따라 천막 안으로 들어갔다. 그리고 그곳에서 평화를 위한 협상이 시작되었다.

협상은 쉽지 않았다. 쿠람은 벵골족의 항복이 먼저라고 주장했고, 아수란은 무굴 제국의 사과가 먼저라고 맞섰다. 아수란은 특히 힌두교를 믿을 수 있는 자유를 달라고 요구했다.

"말도 안 되는 소리! 무굴 제국은 이슬람 제국이야!"

"애송이 왕자야말로 말을 삼가시지? 우리는 수백 년 동안 시바를 숭배해 왔어!"

쿠람과 아수란이 탁자를 내리치며 고성을 지를 때마다 바누와 이지는 협상이 깨질까 봐 조마조마했다. 시간이 계속 흐르고, 바누가 쿠람의 귀에 대고 나직이 속삭였다.

"왕자님, 잠깐 저와 얘기를 나누시겠어요?"

"무슨 일인데 그래?"

"잠깐이면 돼요."

눈살을 찌푸리는 쿠람을 향해 바누가 간청하듯 미소를 지었다. 결국 바누와 쿠람 그리고 이지는 천막 밖으로 나가 커다란 야자수 아래에 섰다. 바누가 쿠람을 설득하기 시작했다.

"저들의 조건을 받아들이세요."

"이슬람국의 왕자인 나보고 힌두교를 인정하라는 거야?"

"예, 왕자님은 반드시 그렇게 하셔야 해요."

"헛소리! 그런 짓을 했다간 부왕께서 나를 영영 추방해 버리실걸?"

"물론 대왕께는 당분간 비밀로 하시는 게 좋겠지요."

"너……, 혹시 머리가 어떻게 된 거냐?"

황당한 표정을 짓는 쿠람의 얼굴을 똑바로 쳐다보며 바누는 나직이 말했다.

"주변을 한 번 둘러보세요."

"대체 뭘 보라는 거야?"

쿠람이 짜증스런 눈으로 군영을 휘 둘러보았다. 그의 눈에 헐벗고 지친 벵골족 전사들의 모습이 들어왔다. 한창 싸울 때는 잘 몰랐는데, 그들 대부분은 영양실조에 걸린 듯 앙상하게 말라 있었다. 전사들 사이를 오가는 여인들과 아이들의 상태는 더욱 비참해 보였다. 몇몇 아이는 심각한 기아를 겪은 듯 피골이 상접한 채 아랫배만 불룩했다.

그제야 무언가 깨달은 듯 쿠람이 깊은 신음을 흘렸다.

"으음……."

바누가 차분하게 설명했다.

"보시다시피 저들은 상상할 수 없을 정도의 고통을 겪고 있어요. 그리고 그 고통의 대부분은 우리가 원인을 제공했지요. 제 생각에 저들은 최소한의 요구를 하고 있어요. 현실이 너무 힘든데, 자신들의 신마저 믿을 수 없다면 최후의 한 사람까지 싸우려고 들 거예요."

잠시 숨을 고른 바누는 총명하게 눈을 반짝이며 말을 이었다.

"남쪽 변경의 야만족은 순진한 사람들이에요. 저들에게 잘해 주세요. 그리고 마음을 얻으세요. 그럼 훗날 왕자님의 꿈을 이루는 데 크나큰 도움이 될 거예요."

"너…… 너어…… 설마 나중에 왕비와 총리를 공격할 때 저들을 동원하라는……?"

놀란 표정으로 묻는 쿠람을 향해 바누가 고개를 끄덕였다. 한동안 멍하니 바누의 얼굴을 바라보던 쿠람도 천천히 고개를 끄덕였다. 천막을 향해 걸음을 옮기는 바누를 따라가는 쿠람의 옆구리를 쿡 찌르며 이지는 말했다.

"어때요? 저런 아가씨를 아내로 맞이하고 싶지 않아요?"

"……"

이후 협상은 순조롭게 진행되어 마침내 협정이 체결되었다. 벵골족은 무장을 해제하고 농부로 돌아갔다. 쿠람은 약속대로 그들의 힌두교 사원을 다시 지어주었다. 뿐만 아니라, 병사들을 동원해 가뭄에 시달리는 벵골족의 농사까지 거들었다. 머지않아 벵골족은 굶주림에서 해방될 수 있었다.

사정이 이렇게 되자 남쪽 변경의 다른 종족들도 하나둘 무기를 버리고 투항해 왔다. 쿠람은 그들도 벵골족과 똑같이 대우했다. 그들을 지배하지 않고, 관습과 종교를 인정해 주었다. 결국 가을이 다가올 무렵, 남쪽 지방의 반란은 완전히 평정되었다. 바누는 이러한 사실을 자세히 적어 아그라의 왕궁으로 가는 전령 편에 보냈다.

보름 쯤 후에 전령이 돌아왔다. 자항기르 대왕의 친서를 지닌 채였다. 쿠람과 마하바트 그리고 바누와 이지는 데칸성 성주의 방에서 친서를 받았다.

마하바트가 친서를 공손히 펼쳐 읽기 시작했다.

"나 무굴 제국의 황제 자항기르는 데칸의 반란을 평정한 쿠람 왕자와 만사브 마하바트의 공로를 치하하노라. 더불어 쿠람 왕자에게 샤 자한 바하두르, 즉 세계의 용맹한 왕이라는 칭호를 내리노라. 샤 자한은 즉시 아그라로 돌아와 아비와 재회하기를 고대하노라."

마하바트가 친서를 조심스럽게 접어 쿠람에게 건넸다. 친서를 받아 든 쿠람은 상기된 표정으로 아그라로 돌아가겠다고 말했다. 하지만 바누의 생각은 조금 다른 것 같았다.

"가시면 안 됩니다."

"어째서?"

"대왕의 성격을 왕자님께서 누구보다 잘 아실 겁니다. 그분이 이렇게 다정한 말씀을 하시는 분입니까?"

"바누, 네 말은 설마……?"

"고모님과 아버님의 음모일 겁니다. 그러니 힘을 갖출 때까지는 데칸에서 한 발짝도 움직이시면 안 됩니다."

"……."

쿠람이 충격 어린 눈으로 바누를 바라보았다. 이지와 마하바트도 긴장된 표정으로 바누를 보았다. 이지는 쿠람이 바누의 말을 따라야 한다고 생각했다. 자신의 고모와 아버지를 포기하면서까지 쿠람을 위해 말하고 있지 않은가. 하지만 쿠람은 엉뚱한 반응을 보였다.

"나는 최대한 빨리 아그라로 돌아갈 것이다."

"그럼요. 당연히 돌아가야…… 으엑! 뭐, 뭐라고요?"

생각 없이 고개를 끄덕이던 이지는 소스라치게 놀랐다. 이지가 쿠람에게 강력히 항의했다.

"대체 왜요? 왜요?"

"나의 부왕이신 자항기르 대왕은 아들을 사지로 몰아넣을 정도로 어리석은 왕이 아니기 때문이다. 더 이상 말이 필요한가?"

"하지만……."

"그만! 바누의 말은 더 이상 듣지 않기로 하겠다!"

"왕자님……."

"와아아아아-!!!"

제국의 수도 아그라로 접어들자 도시를 관통하는 널찍한 대로 좌우편에 늘어선 백성들이 일제히 꽃을 흔들며 쿠람의 이름을 연호했다. 백마에 올라탄 쿠람을 따라 대로를 걸으며 이지와 바누는 절로 어깨가 으쓱해졌다. 손을 흔들며 지나가는 쿠람과 일행들을 향해 백성들은 눈처럼 흰 꽃잎을 뿌리며 축복을 보냈다. 이지는 힐끗 고개를 돌려 쿠람을 보았다. 희미한 미소를 머금은 쿠람의 얼굴에선 광채가 일렁이는 것 같았다. 이 남자가 이렇게 멋있었나. 그러나 쿠람이 멋져 보이면 보일수록 이지는 점점 불안해졌다. 아그라로 가면 안 된다는 바누의 말이 자꾸 떠올랐다.

화려한 귀환

"어서 오시오, 샤 자한. 아침부터 그대를 기다리고 있었소."
"왕비께서 나를 맞이하러 나오셨단 말이오?"
왕궁의 성문 앞까지 마중 나온 누르 자한과 아사프 칸을 보며 쿠람은 놀란 표정을 지었다. 두 사람의 뒤쪽에는 백여 명의 근위병이 시립해 있었다. 쿠람이 의심으로 눈을 빛내며 물었다.
"대왕께선 어디에 계시오?"
"전하께선 갑자기 독감에 걸려 침실에 누워 계십니다. 하지만 샤 자한의 개선을 축하하는 저녁 연회에는 반드시 참석하겠다고 하셨습니다."
비굴하게 웃으며 대답하는 아사프 칸을 보며 쿠람의 표정도 살짝 풀렸다. 누르 자한이 안심하라는 듯 말을 걸었다.
"이번에 큰 공을 세웠다고 들었소. 무법천지인 남쪽 변경을 평정하셨다죠?"

"데칸의 만사브 마하바트의 공이 컸습니다. 나보다는 그가 마땅히 상을 받아야 할 것이오."

"전공을 세운 모든 사람에게 상을 내릴 테니 염려 마세요."

이지는 자신을 쳐다보며 기분 나쁘게 웃는 아사프 칸이 왠지 께름칙했다. 저 아저씨가 저렇게 고분고분할 사람이 아닌데 말씀이야.

이지가 바누의 귀에 대고 속삭였다.

"바누, 네 말대로 무슨 일이 벌어질 것 같아. 지금이라도 무슨 수를 써야 하지 않을까?"

"왕자님 스스로 호랑이 굴로 들어가겠다는데 어떻게 말려? 일단은 지켜보는 수밖에."

"그, 그렇구나."

이때 누르 자한이 쿠람의 손을 다정하게 잡은 채 성문 안쪽으로 인도했다.

"자, 그만 들어갈까요? 오늘 저녁 연회를 위해 조금은 쉬어둬야지요?"

이지와 바누가 쿠람에게 따라붙으려 했지만 곧 근위병들에 밀려 모습이 보이지 않게 되었다. 이지는 자신과 왕자가 보이지 않는 장벽에 갇혀 버린 것만 같아 불안했다.

그날 저녁, 불안은 현실이 되어 나타났다. 연회가 시작되자마자 과시하듯 여러 만사브들을 거느리고 나타난 아사프 칸이 중대발표가 있다며 두루마리를 펼쳐든 것이다.

"위대한 자항기르 대왕의 병세가 갑자기 악화되어 혼수상태에 빠지셨소! 여러 고명한 의원들과 누르 자한 왕비가 극진히 간호하고 있으니 곧 건강을 회복하시리라 믿소! 일단 오늘 연회는 끝낼 테니 귀족들은 모두 돌아가 주시오!"

귀족들이 밀물처럼 연회장을 빠져나갔다. 연회장에는 아사프 칸을 따르는 십여 명의 만사브들과 충격에 빠진 쿠람, 이지, 바누만이 남게 되었다. 패닉 상태에 빠진 쿠람과 이지와는 달리 바누만은 부지런히 머리를 회전시키고 있다는 게 그나마 다행이었다. 아사프 칸이 느긋한 미소를 머금은 채 쿠람 앞으로 다가왔다.

"많이 놀라셨습니까, 전하?"

"당신들, 아바마마께서 아프다는 사실을 속이고 나를 불러들였지?"

아사프 칸이 무슨 말이냐는 듯 어깨를 으쓱했다.

"오해십니다. 전하께서 돌아오시자마자 대왕이 쓰러지신 겁니다."

더 추궁해 봤자 소용없다고 판단한 쿠람이 아사프 칸을 째려보았다. 노회한 총리대신이 입구 쪽을 가리키며 히죽 웃었다.

"대왕 전하의 침소로 가시지요. 왕비께서 하실 말씀이 있으시답니다."

"거절한다면?"

쿠람이 이를 악물자 아사프 칸이 가소롭다는 듯이 웃었다. 동시에 만사브 중 한 명이 팔을 번쩍 쳐들었다. 그것을 신호로 입구 쪽에서 근위병 수십이 우르르 달려 들어왔다. 분노를 삭이지 못하고 씩씩대

는 쿠람의 귓가에 대고 바누는 속삭였다.

"일단은 시키는 대로 하세요. 호랑이 굴로 들어온 이상, 선택의 여지는 없으니까요."

"끄응."

쿠람은 마지못해 아사프 칸을 따라 나섰다. 바누와 이지도 근위병들에게 둘러싸인 채 따랐다.

"아버지……!"

헤어진 지 몇 달 만에 만나는, 미라처럼 비쩍 말라 침대에 누워 있는 부왕을 보자 쿠람은 눈물이 핑 돌았다. 마지막으로 나눈 대화가 서로에게 상처를 입히는 것이었다는 게 쿠람의 마음을 더욱 아프게 했다.

"자, 눈물은 나중에 흘리고 이제 우리의 미래에 대해 대화를 나눠 볼까?"

침대 옆 의자에 앉아 싸늘히 말하는 누르 자한의 얼굴을 쿠람이 성난 눈으로 돌아보았다. 쿠람 옆에 서서 바누와 이지도 긴장된 시선으로 누르 자한을 보았다. 왕비의 배후에는 아사프 칸과 만사브들이 위협적인 얼굴로 서 있었다.

누르 자한이 상대를 깔보는 듯한 태도로 말했다.

"보다시피 대왕 전하의 시간은 얼마 남지 않았어. 전하께서 돌아가신 후, 빨리 왕좌를 채우지 않으면 제국은 크나큰 혼란에 빠질 거야. 그래서 말인데……."

왕비가 잠시 말을 끊고 착 가라앉은 눈으로 쿠람의 얼굴을 바라보았다. 이지도 그녀의 눈을 보고 있었다. 저 여자가 저런 얼음 조각 같은 눈동자를 가지고 있었던가. 왠지 무서운 일이 벌어질 것만 같아 이지는 가늘게 전율했다. 누르 자한이 최후통첩을 하듯 말했다.

"나는 대왕과 결혼하기 전에 낳은 딸을 너의 동생인 샤야르와 결혼시킬 작정이야."

"그 말은 설마……?"

"그래, 샤야르를 자항기르 대왕을 잇는 무굴 제국의 왕으로 추대할 생각이다. 쿠람 네가 동생의 왕위 계승을 지지한다는 성명을 발표해 준다면 무사히 데칸으로 돌아갈 수 있도록 해 주마."

쿠람은 물론 바누와 이지까지 충격으로 눈을 부릅떴다. 분을 참지 못해 부들부들 떠는 쿠람의 팔을 바누가 살며시 잡았다. 그리고 쿠람에게만 들리도록 속삭였다.

"일단 받아들이세요, 전하. 저들은 빈디아 산맥 너머에 마하바트 만 사브가 이끄는 군대와 벵골족으로 이루어진 우리의 대군이 있다는 사실을 까맣게 모르고 있어요. 무사히 탈출할 수만 있다면 결국 우리가 이길 거예요."

하지만 쿠람은 손을 번쩍 들어 바누의 말을 막았다. 그리고 그 손으로 누르 자한과 아사프 칸을 겨누며 힘주어 내뱉었다.

"병약한 샤야르를 내세워 제국을 마음대로 주무를 작정이군! 죽을지언정 그런 꼴을 두고 볼 수는 없다!"

누르 자한이 가소롭다는 듯이 웃었다.

"그 생각이 바뀔 가능성은 없는 거냐?"

"목에 칼이 들어와도 싫다!"

아사프 칸이 쿠람을 겨누며 버럭 고함쳤다.

"근위병! 저 반역자들을 감옥에 가둬라!"

바누가 앞으로 나서며 애원조로 말했다.

"빈디아 산맥을 넘어 며칠 동안 달려오느라 지쳤어요! 부디 자비심을 베풀어 원래 저의 방에서 지낼 수 있도록 해 주세요, 아버님!"

아사프 칸은 고민하는 눈치가 역력했다. 아무리 냉정한 사내라도 오랜만에 재회한 딸의 부탁을 거절하기는 힘든 모양이었다. 결국 그는 이렇게 말했다.

"저들을 바누의 처소에 가두고 근위병 백 명으로 하여금 철통같이 지키게 하라!"

그로부터 며칠 동안 쿠람, 바누, 이지는 바누의 침실에 갇힌 채 옴짝달싹하지 못했다. 가끔 먹을 것을 가져다 주는 시녀 라리사가 닷새째 아침에 찾아와 자항기르 대왕의 서거를 알렸다. 비탄에 젖은 쿠람은 주먹으로 벽을 치며 울부짖었다. 부왕을 잃었다는 슬픔보다 임종조차 지키지 못했다는 죄책감이 그를 괴롭혔다. 바누가 그의 깨진 주먹에 붕대를 감아주며 차분하게 말했다.

"이곳을 빠져나갈 때가 온 것 같군요."

"하지만 어떻게?"

"이지와 처음 만났을 때를 기억하세요? 그때 전하는 궁녀로 변장하고 계셨죠. 다시 한 번 그 모습으로 변장하시는 겁니다."

"……?"

"꺄아악! 바누야! 바누야!"

"왜 이리 소란스러우냐?"

점심때 쯤 방에서 다급한 비명소리가 들리자 근위병들이 달려 들어왔다. 방안으로 들어서던 근위병들이 그 자리에 우뚝 멈추며 눈을 부릅떴다. 방 한복판에 총리대신의 딸이 피를 흘리며 쓰러져 있고 왕자의 궁녀가 그녀를 흔들고 있는 게 아닌가. 사실 근위병들에겐 왕자보다 아사프 칸의 딸이 더 까다로운 존재였다. 지금은 비록 왕자와 함께 갇혀 있지만, 즉위식이 끝나면 다시 최고 권력자의 딸로 돌아갈 테니 말이다.

궁녀가 선두에 선 장교를 향해 소리쳤다.

"갑자기 피를 토하며 쓰러졌어요! 빨리 의원에게 보여야 해요!"

"아, 알았다. 내게 업혀라."

등을 내미는 장교를 궁녀인 이지가 밀쳐냈다.

"어찌 여자를 함부로 업는다는 겁니까? 제가 업을 테니 빨리 문이나 열어 주세요."

"아, 알았다."

이지는 축 늘어진 바누를 업으며 걱정스런 얼굴로 서 있는 쿠람을 힐끗 돌아보았다. 등을 통해 전해지는 묵직한 체중은 자신의 등에 업

힌 것이 실은 바누로 변장한 쿠람 왕자임을 새삼 깨닫게 해주었다. 당연히 쿠람의 옷을 입고 고개를 살짝 숙인 채 서 있는 사람이 바누였다. 이런 방법으로 왕자를 빼돌리자는 계획을 세운 사람이 바로 그녀였던 것이다. 바누의 안전이 염려된다며 이지는 결사반대했지만 쿠람을 탈출시키고야 말겠다는 그녀의 의지를 꺾을 수는 없었다.

"비켜라! 비켜! 위독한 환자니라!"

장교는 급한 나머지 다행히 혼자 복도를 달려가고 있었다. 이지는 땀을 뻘뻘 흘리며 쿠람을 업은 채 장교를 쫓아 달렸다. 여기서 쿠람을 떨어뜨린다면 모든 게 들통 날 염려가 있기에 이를 악물고 견뎠다.

"헥헥……, 더 이상은 죽어도 못 가!"

이지가 더 이상 참지 못하고 주저앉은 곳은 다행히 외진 복도였다. 바람처럼 달려간 쿠람이 어리둥절한 표정으로 돌아서는 장교의 안면에 주먹을 꽂았다. 쓰러진 장교는 그대로 기절해 버렸다. 이지와 쿠람은 궁을 탈출해 거리로 나갔다. 시장에서 말을 두 필 훔친 두 사람은 곧장 빈디아 산맥을 향해 전속력으로 질주했다.

우투투투투!

"끼럇! 끼럇! 우리가 늦으면 바누의 목숨이 위험해져요!"

엉덩이 살갗이 벗겨지도록 쉬지 않고 달리며 이지는 쿠람을 재촉하고 또 재촉했다.

데칸성에 도착한 쿠람은 즉시 마하바트와 아수란을 불렀다. 그리고 최대한 빠른 시간 안에 제국군과 벵골족 연합군의 소집을 명령했다. 이틀 만에 이만에 가까운 병력이 모였고, 이지의 독촉에 시달린 쿠람은 지체 없이 진격을 명령했다.

쿠람의 병력이 빈디아 산맥을 넘자마자 고아에 주둔 중이던 만사브의 군대가 출동해서 앞을 막았다. 고아 평원에서 쿠람은 이틀 밤낮동안 격렬한 전투를 치룬 끝에 적군을 격퇴하는 데 성공했다. 이후에도 쿠람은 카르나타카, 안드라프라데시, 마하라슈트라에서 지역 만사브들을 물리치며 아그라로 진군했다. 전세가 뜻하지 않게 흐르자 만사브들이 하나 둘 투항해 오기 시작했다. 오래 전부터 누르 자한과 아사프 칸의 횡포에 불만을 품고 있었지만 두려워서 숨을 죽이고 있던 만사브들이었다.

"드디어 왕궁에 도착했군."

불과 한 달 전에 도망자처럼 아그라를 떠난 쿠람은 이제 십만에 육박하는 군대를 거느리고 당당하게 왕궁을 포위했다. 아침 햇살이 쏟아지는 웅장한 왕궁을 쿠람과 이지는 말 위에 나란히 앉아 지켜보고 있었다.

"대부분의 만사브들이 내게 무릎을 꿇었어. 척후병들에 의하면 궁에는 소수의 근위병들 밖에 남아 있지 않다더군. 누르 자한과 아사프 칸은 오래 버티지 못할 거야."

여유 있게 웃으며 말하는 쿠람을 돌아보는 이지의 표정은 그러나 전혀 여유롭지 못했다.

"무엇보다 바누의 안전이 중요해요. 궁에 들어가 제일 먼저 할 일은 바누를 구하는 것이에요."

"알았다, 알았어. 누가 보면 이지 네가 바누의 정혼자인 줄 알겠다."

"바누 혼자 궁에 남겨두고 도망쳐서 얼마나 미안했는지 몰라요. 분명 엄청난 괴롭힘을 당했을 거예요."

"네 극성 때문에라도 빨리 성을 점령해야겠구나."

쿠람이 팔을 처들고 공격 명령을 내리려는데 갑자기 성루 위에 백기가 걸렸다. 마하바트가 아수란과 함께 다가와 흥분된 목소리로 보고했다.

"성에 백기가 걸렸습니다. 저들이 항복하려는 것 같습니다."

잠시 후, 마하바트의 말대로 정말 성문이 천천히 열렸다. 싸우지도 않고 승리한 것이다. 쿠람이 반월도를 뽑아들며 외쳤다.

"우리의 승리다!"

"와아아아-!"

열린 성문을 통해 마하바트와 아수란이 병사들을 이끌고 들어갔다. 쿠람과 이지가 뒤이어 입성했다. 쿠람이 병사들 사이로 말을 달리며 소리쳤다.

"약탈하지 마라!"

"포로들을 해치지 마라!"

이지가 바누부터 찾아야 한다며 소리를 질러댔지만 왕자의 귀에는 들리지 않는 것 같았다. 이지는 할 수 없이 옆을 스쳐가는 족장 아수란을 붙잡았다.

"아수란, 날 좀 도와줘요!"

"오~ 여신님의 부탁이라면 들어드려야지."

"다른 또 한 명의 여신을 구하는 일이에요."

"그렇다면 더더욱 해야겠군."

결국 이지는 아수란과 몇몇 벵골족 전사들을 이끌고 궁 안으로 뛰어 들어갔다.

"바누! 내가 돌아왔어!"

급히 바누의 침실 방문을 열어젖히고 들어갔지만 방의 주인은 없었다. 대신 시녀 라리사가 겁에 질린 얼굴로 이지를 맞이했다.

"라리사! 바누는 어디에 있어?"

라리사가 눈물을 훌쩍이며 쿠람과 이지가 탈출한 후 바누가 얼마나 큰 고초를 겪었는지 늘어놓기 시작했다. 아버지인 아사프 칸으로부터 모진 매질을 당했고, 심지어 고모인 누르 자한은 바누를 사형시키려고까지 했다는 것이다. 이지도 눈물을 간신히 참으며 라리사의 어깨를 강하게 붙잡았다.

"그러니까 바누는 지금 어디에 있느냐고!"

"흐흑~ 나도 잘 몰라. 아사프 칸님이 왕궁 어딘가로 끌고 가셨단 말이야."

"으아아! 빨리 아사프 칸을 찾아요!"

맹세컨대 이지는 지금껏 이렇게 화가 난 적이 없었다. 바누에 대한 죄책감과 아사프 칸 그리고 누르 자한에 대한 분노 때문에 얼굴이 벌겋게 달아오른 이지가 아수란과 함께 왕궁을 샅샅이 헤집고 돌아다녔다. 별궁의 널찍한 복도 한복판에서 이지는 우뚝 걸음을 멈추었다. 복도 한복판에 엉거주춤 서 있는 아사프 칸, 누르 자한과 딱 마주쳤기 때문이다. 한동안 두 사람을 쏘아보던 이지가 바싹 다가가 살벌하게 물었다.

"바누는 어디에 있어요?"

아사프 칸은 이지의 시선을 피했고 누르 자한은 교활하게 웃었다.

"우리를 무사히 탈출시켜준다면 얘기해 주지."

"아수란!"

이지가 고함을 지르자 아수란이 곧장 행동에 나섰다. 그는 바로 옆 기둥을 향해 주먹을 질렀다.

퍼엉!

아수란이 주먹이 쑤셔 박힌 기둥이 움푹 패였다. 돌가루가 우수수 흩날리는 가운데 아수란이 번뜩이는 눈으로 아사프 칸과 누르 자한을 쏘아보았다. 아사프 칸이 실토했다.

"지, 지하 감옥에 가면 바누를 찾을 수 있을 거다."

타지마할, 영원한 사랑의 약속

덜커덩!

녹슨 철문이 열리는 순간, 이지는 저도 모르게 침을 삼켰다. 칠흑처럼 어둡고 고약한 냄새가 풍기는 감옥 안으로 이지는 천천히 걸어 들어갔다. 이지가 떨리는 목소리로 친구의 이름을 불렀다.

"바누…… 바누……. 내가 왔어."

"이…… 이지……?"

어둠 안쪽에서 가녀린 목소리가 들려오자 이지는 왈칵 눈물을 쏟고 말았다. 어둠이 옅어지며 지저분한 바닥에 웅크리고 앉아 있는 바누의 모습이 보였다. 친구를 조심스럽게 안으며 이지는 진심으로 사과했다.

"미안해…… 늦게 와서 정말 미안해……."

바누를 부축한 채 별궁 복도로 올라온 이지는 마하바트와 병사들을 거느리고 위풍당당하게 걸어오는 쿠람과 마주쳤다. 쿠람을 발견하자 탈진한 바누의 안색이 환해졌다. 하지만 쿠람은 바누를 한 번 힐끗 보고는 고개를 돌려 버렸다. 고생했다는 위로 한 마디도 없었다.

쿠람이 아수란에게 잡혀 있는 아사프 칸과 누르 자한을 반월도로 가리키며 외쳤다.

"저 반역자들을 감옥에 가두어라!"

"알겠습니다!"

끌려가는 아버지와 고모의 뒷모습을 보며 바누는 애원했다.

"용서해 주세요, 전하! 저를 봐서라도 아버님과 고모님의 목숨만은 살려 주세요!"

"말도 안 되는 소리! 저런 반역자들을 살려 둔다면 나는 세상의 웃음거리가 될 것이다!"

차갑게 쏘아붙이는 쿠람을 보며 바누는 눈물을 글썽였다.

"한때 전하의 어머니셨고, 장인이셨던 분입니다. 제발……."

바누를 쏘아보다가 쿠람이 할 수 없다는 듯 손을 휘휘 내저었다.

"바누 너의 공을 생각해서 저들을 멀리 유배 보내겠다. 대신 이것으로 너와의 정혼 약속도 없는 일로 하겠다."

"……!"

바누의 눈이 부릅떠졌다. 충격을 이기지 못하고 부들부들 떠는 바누를 부축한 채 이지가 대신 항의했다.

"아버지와 고모의 잘못이 바누 자신의 잘못은 아니잖아요! 그런데 왜 바누에게 벌을 내린다는 거죠? 너무 불공평해요!"

그러나 쿠람은 끄덕도 하지 않았다.

"그럼 바누가 반역자의 딸이 아니란 말이냐? 반역자의 조카가 아니란 말이냐?"

"그…… 그건 아니지만……."

"그만둬, 이지."

무어라 쏘아붙이려는 이지의 팔을 붙잡으며 바누가 만류했다.

"왕자님의 말씀이 옳아. 나는 왕자님의 아내가 될 자격이 없는 여자야."

"바누 너까지 왜 이래? 솔직히 네가 아니었으면 오늘 끌려 나가는 사람은 쿠람 왕자님이었을 거라고!"

"그렇지 않아. 아버님과 고모님이 씻을 수 없는 죄를 지었는데, 내가 왕비가 된다는 것도 우스운 일이잖니?"

"바누……."

더 이상 할 말을 찾지 못한 이지는 친구의 얼굴을 안타까운 표정으로 들여다보았다. 바누는 그런 이지를 뒤로하고 천천히 돌아섰다. 복도를 비틀비틀 걸어가는 바누의 뒷모습을 보며 이지는 가슴이 쓰렸다. 이지가 쿠람을 째려보았다.

"빨리 바누를 붙잡아요! 빨리!"

"그럴 수는 없어."

"왕자님도 실은 바누를 잡고 싶잖아요!"

"!"

이지가 버럭 고함을 지르자 쿠람은 멈칫했다. 당황하는 쿠람의 얼굴을 똑바로 보며 이지가 힘주어 말했다.

"아사프 칸과 누르 자한에 대한 원한 때문에 애써 참아왔지만, 왕자님도 실은 바누를 자신의 여자라고 인정하고 있었잖아요?"

"무슨 말도 안 되는 소리를……?"

당황스러운 표정으로 변명하는 쿠람의 말을 끊으며 이지는 빠르게 말을 이었다.

"만약 그러지 않았다면 바누를 궁에 남겨 두지는 않았을걸요. 내가 아는 쿠람 왕자는 자기가 살겠다고 남을 희생시키는 비겁한 남자는 아니에요. 왕자님이 그날 바누를 남겨 두고 떠날 수 있었던 건 바누가 자신의 일부라고 인정했기 때문이죠. 내 말이 틀린가요?"

"……."

쿠람은 아무 대꾸도 못 하고 이지의 얼굴을 지그시 바라보았다. 왕자의 표정이 조금씩 험악하게 일그러지기 시작했다.

"나에 대해 모든 것을 알고 있는 것처럼 말하지 마라! 바누의 문제는 내가 알아서 할 테니, 이지 너는 더 이상 나서지 말도록!"

"하지만 왕자님!"

"그만 가자!"

쿠람이 단단히 화가 난 얼굴로 홱 돌아섰다. 이지가 도움을 청하듯 마하바트를 쳐다봤지만 그도 어쩔 수 없다는 듯 어깨를 으쓱했다.

"쿠람, 제발 솔직한 마음의 소리에 귀를 기울이도록 해요."

복도를 걸어 멀어지는 쿠람의 뒷모습을 바라보며 이지는 안타까운 목소리로 중얼거렸다. 한동안 멍하니 서 있던 그녀는 바누의 방을 향해 천천히 걸음을 옮기기 시작했다.

마하바트와 호위병을 거느린 쿠람이 갈림길에서 우뚝 멈춰 섰다.

"으음……."

생각에 잠긴 쿠람의 얼굴을 마하바트가 말없이 지켜보았다. 쿠람은 이지의 말을 떠올리고 있었다. 바누를 자신으로 변장시킨 채 궁에 남겨놓았던 것은 정말 그녀를 자신의 일부라고 여겼기 때문일까?

"그래, 어느 샌가 그런 생각을 품게 되었던 것도 같아."

한참의 고민 끝에 쿠람은 신음처럼 중얼거렸다. 자신도 미처 깨닫지 못한 사실을 이지는 정확히 꿰뚫고 있었던 것이다. 하지만 그렇다고 당장 바누와 결혼해야겠다는 생각이 들지는 않았다. 아직 확신이 서지 않았다. 왼쪽으로 가면 대전이고, 오른쪽으로 가면 바누의 처소인 갈림길에 서서 한참동안 고민하는 쿠람을 향해 마하바트가 조심스럽게 말했다.

"왕자님, 어디로 모실까요?"

쿠람이 결심한 듯 고개를 끄덕이며 걸음을 내딛었다.

"잠시 바누의 처소에 들르겠다. 마하바트는 병사들을 데리고 대전으로 가 기다리도록."

"괜찮으시겠습니까?"

"뭐가?"

"성 안에 아직 총리대신과 왕비를 따르는 잔당들이 남아 있습니다."

쿠람이 대수롭지 않다는 듯이 픽 웃으며 걸음을 옮겼다.

"우두머리들이 잡혔는데, 감히 나에게 칼을 겨누겠어? 쓸데없는 걱정 말고 대전 주변을 깨끗이 정리해 두도록 해."

바누의 처소를 향해 홀로 걸어가며 쿠람은 계속 고민에 잠겨 있었다. 자신이 정말 바누를 사랑하는지, 그녀를 왕비로 맞으면 정말 행복해질 수 있을지 확신이 서지 않았기 때문이다.

"으응?"

쿠람이 미간을 찌푸리며 우뚝 걸음을 멈추었다. 텅 빈 복도 양옆에는 굵직한 기둥들이 줄지어 서 있었다. 그 기둥들 뒤쪽에서 무언가 께름칙한 기운이 느껴졌다. 그것이 살기임을 알아차린 쿠람이 허리춤의 반월도 자루를 잡으며 나직이 말했다.

"웬 놈들이냐? 당장 모습을 드러내라!"

기분 나쁜 웃음을 흘리며 기둥 뒤에서 하나둘 모습을 드러내는 것은 열 명이나 되는 근위병들이었다. 그 중에서도 눈매가 유독 날카로운 자는 누르 자한의 경호 대장으로 낯이 익은 녀석이었다.

대장이 반월도로 쿠람의 얼굴을 가리켰다.

"이런 순간이 오기를 고대하고 있었다, 쿠람 왕자."

쿠람도 칼을 뽑으며 응수했다.

"네 주인인 누르 자한은 이미 포로가 되었다. 너희들도 순순히 칼을 버리고 투항해라."

"그렇게는 못 하겠다!"

대장이 반월도를 쳐들고 득달같이 달려들었다. 쿠람도 이를 악물며 칼을 휘둘렀다.

까앙!

칼날과 칼날이 부딪히며 시퍼런 불꽃이 튀었다. 데칸에서 반란을 평정하고, 또 아그라까지 진격해 오며 숱한 전투를 치르는 동안 쿠람의 검술 실력은 눈부시게 발전했다. 하지만 대장은 물론 열 명이나 되는 근위병들까지 한꺼번에 공격해 오자 당해낼 재간이 없었다.

"크흑!"

결국 대장이 휘두른 칼에 팔뚝을 베인 쿠람이 비명을 지르며 기둥 쪽으로 물러섰다.

캉! 캉! 캉캉!

기둥에 기대선 채 정신없이 칼을 휘둘러 근위병들의 공격을 막아내고 있었지만 쿠람은 자신이 오래 버티지 못할 것임을 알았다. 혼자 가면 위험하다는 마하바트의 말을 무시한 것이 후회되었다. 그 사이 두세 명의 근위병들을 쓰러뜨렸지만 나머지 녀석들은 더 악착같이 덤벼들었다.

칼을 잡은 손아귀에 점점 힘이 빠지는 것을 느끼며 쿠람은 자신이 이제 곧 적의 칼날 아래 쓰러질 것임을 알았다. 순간, 어떤 깨달음이 번갯불처럼 머릿속에서 번쩍했다.

'아…… 이지의 말은 모두 사실이었구나! 나는 바누를 진정 나와 하나라고 생각하고 있었구나!'

사람이 죽음 직전에 이르면 미처 보이지 않던 것들이 보인다고들 한다. 지금 쿠람이 그랬다. 오랫동안 스스로 아니라고 했던 바누에 대한 사랑과 믿음을 쿠람은 절체절명의 순간에 비로소 깨닫게 되었다.

문득 정혼녀에게 잔인했던 지난날들이 주마등처럼 눈앞을 스치고 지나갔다. 그녀는 얼마나 괴로웠을까? 나에 대해 얼마나 실망하고, 그것을 이겨내기 위해 얼마나 숱한 밤들을 지새웠을까? 후회와 자책이 가슴을 때렸다. 당장이라도 바누를 만나 진심으로 사과하고 싶었다. 하지만 그런 기회는 영원히 오지 않을 것이다.

털썩!

힘이 다한 쿠람이 한쪽 무릎을 꿇었다. 대장이 무방비 상태의 쿠람을 노리고 칼을 쳐들었다.

"각오해라!"

"당장 멈추지 못할까?!"

바누가 쿠람의 앞을 바람처럼 막아선 것은 바로 그때였다. 바누의 등장에 깜짝 놀란 대장은 급히 칼을 멈추려고 했다. 어쨌든 바누는 그가 주인으로 모시는 누르 자한의 조카이자 아사프 칸의 딸이었던 것이다. 하지만 이미 궤도를 벗어난 칼을 완전히 멈추기란 불가능했다.

파아앗!

"꺄악!"

칼날이 바누의 가슴을 살짝 베고 지나며 핏방울이 튀었다. 한 떨기 꽃잎처럼 스러지는 바누를 쿠람이 와락 안았다. 그리고 가슴의 상처를 손바닥으로 막아주며 소리를 질렀다.

"바누! 대체 왜 이런 무모한 짓을……?"

바누가 쿠람을 올려다보며 서글픈 듯 미소를 지었다.

"무모하다뇨? 제게는 당신을 구하는 것이 가장 중요한 일이랍니다."

할 말을 잃고 바누의 얼굴을 들여다보는 쿠람의 눈가에 물기가 맺혔다. 왕자가 떨리는 목소리로 말했다.

"나는 바누에게 참 못되게 굴었어. 이런 날 용서해 줄 수 있겠니?"

쿠람의 볼을 타고 흘러내린 굵은 눈물방울이 바누의 얼굴로 툭툭 떨어졌다. 쿠람의 눈물을 닦아 주며 바누는 부드럽게 중얼거렸다.

"저는 사랑이 나무와 같다고 생각해요. 나무는 자라는 동안 무수히 상처를 입고 생채기가 나지요. 하지만 그 생채기에서 새로운 싹이 돋아 나무를 더욱 울창하게 만들어요. 나의 사랑도 그렇답니다. 왕자님이 제게 상처를 줄 때마다 저는 원망보다는 새로운 사랑의 싹을 틔웠어요. 언젠가는 제가 참고 가꾼 나무가 크게 자라 우리 두 사람만을 위한 그늘을 만들어 줄 것이라 믿으면서요."

쿠람이 바누를 와락 끌어안으며 소리쳤다.

"사랑해, 바누! 살아 있는 동안, 아니 죽어서도 너만 사랑할 거야!"

살기 어린 눈으로 두 사람을 쏘아보던 대장이 다시 칼을 세웠다.

"총리대신의 딸도 우릴 배신했다! 왕자와 함께 해치워 버려라!"

대장과 근위병들이 칼을 휘두르며 덤벼들었지만 서로를 끌어안은 쿠람과 바누는 움직일 줄 몰랐다. 칼날이 아니라 폭풍이 불어 닥친다 해도 두 사람을 갈라놓지는 못할 것 같았다.

"너희들, 딱 걸렸어! 거기 꼼짝 말고 있어!"

쿠람과 바누를 공격하려던 근위병들이 벼락같은 고함소리에 깜짝 놀라 고개를 돌렸다. 복도 저쪽에서 이지가 마하바트와 수십 명의 호위병들을 거느린 채 바람처럼 달려오고 있었다. 이지가 저승사자처럼 무시무시한 얼굴로 꽥꽥 소리를 질러댔다.

"만약 쿠람과 바누의 머리카락 하나라도 건드렸다간 굶주린 악어 떼가 득실거리는 지하 감옥에 갇히게 될 줄 알아!"

이지의 얼굴에서 굶주린 악어의 모습을 떠올린 근위병들은 왕자를 포기하고 하나둘 칼을 버렸다. 마하바트와 호위병들이 근위병들을 꽁꽁 묶은 동안, 이지는 쿠람과 바누를 부축해서 일으키려고 했다.

"이제 괜찮으니 어서 일어들 나."

"……."

하지만 두 사람은 서로를 으스러져라 안은 채 움직이려 하지 않았다. 이지도 굳이 일으키지 않고 흐뭇하게 미소 지으며 그런 두 사람을 지켜보았다. 하지만 가슴 한 구석이 쓸쓸해지는 것만은 어쩔 수가 없었다.

며칠 후, 제국 전체를 평정한 쿠람은 아그라의 왕궁에서 성대하게 즉위식을 거행했다. 그 자리에서 바누는 왕비로 추대되었다. 샤 자한

국왕은 왕비 바누에게 황궁의 보물이라는 뜻의 '뭄타즈 마할'이란 이름을 하사하며 깊은 애정을 표현했다.

근위사령관에 임명된 마하바트의 구령에 따라 수백 명의 근위병들이 반월도를 높이 쳐들고 충성을 맹세했다. 광장을 가득 메운 백성들 사이로 거대한 함성이 들불처럼 번져갔다.

"샤 자한 만세!"

"뭄타즈 마할 만만세!"

"아앗! 드디어 걸렸다!"

즉위식이 거행되고 한 달쯤 지난 후, 이지는 자무나 강가를 유유히 떠가는 배 위에서 낚시 삼매경에 빠져 있었다. 왕과 왕비는 왕궁의 바로 옆을 흐르며 수도 아그라를 관통하는 이 넓은 강에 예쁜 배를 띄우고 그 위에서 둘만의 놀이를 즐기곤 했다. 금빛 휘장이 드리우고, 아름다운 시녀들이 친절하게 시중을 드는 이 배에 초대받을 수 있는 사람은 오직 이지뿐이었다.

오늘도 오전에 급한 업무를 끝내고 달려온 쿠람과 함께 이지, 바누는 가을이 깊어가는 강가에 배를 띄우고 낚싯대를 드리웠던 것이다. 그런데 쿠람과 바누는 사이좋게 연이어 월척을 낚는데 이지의 낚싯바늘만 감감무소식이어서 은근 부아가 치미는 중이었다.

"괴, 굉장한 놈이 걸렸나 봐! 낚싯대가 부러질 것만 같아!"

박차고 일어선 이지가 양손으로 부러질 듯 휘어진 낚싯대를 잡아당기며 간신히 중얼거렸다.

쿠람과 바누가 이지를 돕기 위해 달려왔다.

"정말 월척인 모양인데!"

"꽉 잡고 있어, 이지! 우리가 도와줄게!"

쿠람, 바누와 함께 젖 먹던 힘까지 쥐어짜 당기며 이지는 악을 써댔다.

"틀림없이 고래만 한 녀석이 나올 거야! 으하하하! 오늘의 낚시왕은 바로 나라고!"

쏴아아~!

그러나 물살을 헤치며 수면 위로 올라온 크고 시커먼 물체를 발견하고 이지는 그만 멍한 표정이 되고 말았다. 쿠람과 바누도 비슷한 표정이 되었다. 그럴 것이 낚시 바늘이 깊게 박힌 채 배 난간에 걸려 있는 것은 바로 맹그로브 나무뿌리였기 때문이다. 이지는 미간을 확 찌푸리며 억지로 웃음을 참고 있는 쿠람과 바누를 쳐다보았다. 웃기만 해 봐. 이지의 눈은 두 사람에게 분명한 경고를 보내고 있었다. 하지만 바누라면 몰라도 쿠람은 왕이었다. 누군들 막을 수 있으랴.

"우하하하하! 월척은 월척이구나! 맹그로브 월척! 오늘의 낚시왕은 이지가 분명해!"

이마를 짚은 채 요란하게 웃어젖히는 쿠람을 째려보며 이지는 뽀드득 이를 갈아붙였다.

그날 날이 저물 때까지 이지는 복수심을 불태우며 뜨거운 햇살 아래서 낚싯대를 드리우고 있었다. 그러나 야속한 고기는 한 마리도 걸려 주지 않았다. 자무르 강변이 황혼에 물들자 쿠람과 바누는 수면으로 몸을 날렸다. 시원한 물보라를 일으키며 강으로 뛰어든 두 사람은 마치 두 마리의 사이좋은 돌고래처럼 수영을 했다.

여전히 낚싯대를 드리운 채 그런 두 사람을 바라보며 이지는 정말이지 잘 어울리는 한 쌍이라는 생각을 했다. 그러면서도 한편으론 씁쓸한 기분이 드는 것을 어쩔 수가 없었다. 쿠람을 볼 때마다 자연스럽게 그와 너무 닮은 주노가 떠올랐고, 그럴 때마다 가슴이 먹먹해질 정도의 그리움이 이지를 괴롭혔다.

아, 언젠가 돌아갈 수 있긴 있는 것일까? 그리고 돌아간다면 나와 선배는 메이드와 주인이 아니라 조금 더 좋은 관계로 발전할 수 있을까? 모든 게 불안하고 불확실하여 이지는 절로 어깨를 축 늘어뜨렸다.

이때 수영을 즐기던 쿠람과 바누가 나란히 손을 흔들었다.

"이지, 거기서 뭐하고 있어?"

"강물이 아주 시원해! 빨리 들어오라고!"

"에잇, 모르겠다!"

낚싯대를 팽개치고 일어선 이지가 옷을 훌훌 벗어던졌다. 그리고 콧구멍을 막은 채 강물로 뛰어들었다. 물보라를 일으키며 물속으로 처박히는 이지를 향해 쿠람과 바누가 빠르게 헤엄쳐 왔다. 세 사람은 서로에게 물을 뿌리며 신나게 웃었다.

"하하하!"

"깔깔깔!"

세 사람의 웃음소리가 조금씩 어두워지는 강을 따라 울려 퍼졌다.

"이지, 나와 함께 어딜 좀 다녀와 주겠니?"
며칠 후 이른 새벽에 이지는 왕비의 갑작스런 방문을 받고 졸린 눈을 비비며 깨어났다. 연신 하품하는 이지의 손을 잡은 바누가 절박하게 속삭였고, 이지도 절로 목소리를 낮췄다.
"이 꼭두새벽에 대체 어딜 가자고?"
"아무 것도 묻지 말고 그냥 따라와 주라, 응?"
"흐음……."
목적지도 밝히지 못하는 바누의 얼굴을 유심히 들여다보다가 이지는 결국 고개를 끄덕이고 말았다.
우투투투투!
"끼럇! 끼럇!"
뿌연 새벽안개를 뚫고 바누와 이지는 말을 몰아 왕궁을 빠져나갔다. 남쪽으로 방향을 잡은 바누는 아그라를 벗어나자마자 뭄바이를 향해 곧장 내달렸다. 말도, 사람도 온몸이 땀에 젖었지만 바누는 멈추려 하지 않았다. 비장함마저 느껴지는 바누의 옆얼굴을 보며 이지도 말에 박차를 가했다.
"이곳은……?"
동틀 무렵, 바누와 이지는 뭄바이의 시골 마을에 도착했다. 털이 젖은 솜처럼 되어 버린 말에서 내리며 이지는 바누를 향해 물었다.

"자, 이제 얘기해 봐. 대체 쿠람의 눈을 피하면서까지 이런 시골까지 달려온 이유가 뭐야?"

바누는 대답 대신 손가락을 들어 눈앞의 작은 오두막을 가리켰다. 이지가 의아한 눈으로 쳐다보았다.

"저기 대체 누가 살고 있기에……, 으앗! 저, 저 남자는?!"

오두막에서 나오는 남자의 모습을 발견한 이지의 입에서 비명이 터져 나왔다. 예전에 비해 폭삭 늙어 버린 아사프 칸이었기 때문이다.

"콜록…… 콜록……."

무슨 병이라도 걸렸는지 연신 기침을 해대는 그의 얼굴은 환자처럼 창백했다. 늘 자신감으로 빛을 발하던 눈도 죽은 자의 그것처럼 탁하게 가라앉아 있었다. 한동안 멍하니 바누와 이지를 쳐다보다가 아사프 칸이 비로소 딸을 알아보고는 양팔을 벌렸다.

"바누, 나의 사랑스러운 딸아!"

서로를 으스러져라 끌어안는 부녀를 보고서야 이지는 비로소 바누가 왜 그토록 서둘러 달려왔는지 알 수 있었다. 추방당한 아버지라도 아버지는 아버지였다. 세상에 가족을 버릴 수 있는 사람이 어디 있겠는가. 한참만에야 아버지로부터 떨어지며 바누가 울먹이는 소리로 말했다.

"실은 오늘이 아버지의 생신이야. 그렇지만 따뜻한 스프 한 그릇 못 드실 것 같아 이렇게 달려 왔지."

"그랬구나."

이지도 코끝이 시큰해짐을 느끼며 고개를 주억였다. 이지가 오두막

쪽으로 두 사람의 등을 떠밀며 씩씩하게 말했다.

"자자…… 맛있는 토마토 스튜를 만들어 드릴 테니 모두 들어가 계세요."

이지와 바누, 아사프 칸이 신이 나서 걸어갈 때 뒤쪽에서 성난 고함이 들려왔다.

"이게 대체 뭐하는 짓인가?"

놀란 이지와 바누 그리고 아사프 칸이 돌아섰다. 이지와 바누의 입에서 동시에 신음소리가 새어나왔다.

"저…… 전하……?!"

제일 먼저 눈에 띈 것은 분노한 표정의 근위사령관 마하바트 칸이었다. 그의 뒤쪽에 근위병들에게 둘러싸인 채 말 위에 앉은 쿠람의 모습이 보였다. 마하바트가 아사프 칸을 가리키며 으르렁거렸다.

"저 자는 감히 전하를 해치려고 한 반역자요! 그런 자를 은밀히 만나다니, 이것만으로도 반역으로 의심 받을 수 있음을 모르시오?"

아사프 칸을 가리키고 있었지만 마하바트의 추궁은 왕비를 향한 것이었다. 이지가 재빨리 한 걸음 나서며 소리쳤다.

"반역이라니 가당치 않아요! 오늘은 아사프 칸님의 생신이에요! 아무리 죄인이라도 아버지는 아버지! 왕비께서 쓸쓸이 생일을 맞을 아버지를 잠시 만나 위로하는 게 반역이란 말인가요?"

"억지 부리지 마라, 이지! 네가 전하와 마마의 총애를 믿고 너무 설치는구나!"

마하바트가 반월도까지 뽑아 들며 소리를 지르자 이지도 그만 울컥

하고 말았다. 저 아저씨가 누구 덕분에 출세했는지 벌써 잊어버린 거야? 소매를 걷어붙이며 제대로 한 판 붙으려는데 쿠람이 오른팔을 들고 마하바트의 옆으로 나섰다.

"아아…… 조용히 하라."

"절대 용서하시면 안 됩니다, 전하."

끝까지 이지를 째려보는 근위사령관 옆에서 쿠람이 조용히 아사프 칸의 팔을 잡고 서 있는 바누의 얼굴을 바라보았다. 쿠람의 시선이 아사프 칸에게로 향했다. 한때 자신을 위협하는 정적이었던 그는 이제 노인이 되어 있었다. 무언가 결심한 얼굴로 쿠람이 말에서 내렸다. 그리고 아사프 칸과 바누를 향해 걸음을 옮겼다.

"전하."

이지가 자신의 옆을 스쳐 지나는 쿠람의 팔을 잡았다. 왕이 고개를 돌려 바누에 대한 걱정으로 가득 찬 이지의 눈을 보았다. 더 이상 그녀를 힘들게 하지 말아요. 바누는 이미 당신을 충분히 용서했답니다. 이지의 눈은 그렇게 말하고 있는 것 같았다. 쿠람이 고개를 끄덕이며 이지의 손을 천천히 뜯어냈다. 그리고 사랑하는 부인과 장인 앞에 섰다.

아사프 칸이 급히 무릎을 꿇으려고 했다.

"죄송합니다, 전하! 마마는 아무 잘못 없으니 저를 벌하시고…….."

하지만 아사프 칸은 무릎을 완전히 꿇을 수 없었다. 왕이 재빨리 그의 팔을 잡아 만류했기 때문이다. 의아한 눈으로 보는 아사프 칸과 잠시 시선을 마주치고 있던 쿠람이 그를 대신해 털썩 무릎을 꿇었다. 아사프 칸은 물론 바누까지 놀라 소리를 질렀다.

"전하, 왜 이러십니까?"

"어서 일어나세요, 전하!"

쿠람이 두 부녀를 올려다보며 빙그레 미소를 지었다.

"진작 석방시켜드렸어야 하는데 이런 곳에 갇혀 있게 해서 죄송합니다, 장인어른. 나의 무심함 때문에 당신의 마음을 아프게 했구려, 왕비. 이 또한 사과하겠소."

"저…… 전하……. 정말 자비로우시군요."

아사프 칸과 바누는 감동으로 눈물을 글썽였다. 이지는 여봐란 듯이 마하바트 칸을 쳐다보았다. 그가 쑥스러운 듯 머리를 긁적이며 이지의 시선을 피했다. 씩씩하게 자리를 박차고 일어선 쿠람이 바누와 함께 장인을 부축했다.

"아그라로 돌아가시죠. 이제부터 저와 바누가 잘 모시겠습니다."

바누가 그런 쿠람을 향해 떨리는 목소리로 말했다.

"뭐라고 감사드려야 할지 모르겠군요, 전하. 이 바누는 전하를 위해서라면 언제든 목숨을 바칠 것입니다."

"그런 소리 마시오, 왕비. 그대가 나에게 베풀어 준 사랑에 비하면 나는 아직도 갚아야 할 빚이 산더미처럼 쌓여 있다오."

"전하……."

서로에 대한 배려와 애정이 점점 더 깊어지는 쿠람과 바누를 보며 이지는 푸근하게 미소를 지었다. 사랑이란 시간이 지날수록 점점 크게 자라는 나무와도 같다는 믿음을 두 사람은 직접 실천해 보이고 있었다. 그리고 이런 두 사람의 모습은 이지에게도 큰 영향을 미쳤다.

'이제 누군가와 사랑에 빠진다면 잘 해낼 수 있을 것 같아. 정말이야.'

아그라를 향해 말을 달리며 이지는 두 사람의 행복이 영원하기를 진심으로 빌었다.

어느새 첫눈이 내리고 겨울이 시작되었다. 몇 십 년 만에 찾아왔다는 추위가 맹위를 떨쳤지만 왕과 왕비의 사랑으로 궁은 따뜻했다. 쿠람은 왕비에게뿐만 아니라 백성들에게도 훌륭한 왕이었다. 그리고 그의 선정 뒤에는 착하고 총명한 왕비가 있었다.

바누는 데칸 지역에서의 교훈을 잊지 않고 쿠람에게 이슬람교와 힌두교를 공평하게 대하라고 충고했다. 왕은 충고를 충실히 받아들였고, 이러한 융화 정책은 백성들로부터 큰 지지를 받았다.

또한 왕은 각 지방의 귀족들과 만사브들이 백성들을 괴롭히지 못하도록 수시로 감찰관을 파견했다. 이 결과 백성들의 생활이 편안해지고, 그것은 자연스럽게 왕권 강화로 이어졌다. 제국은 점점 부유해졌고 왕궁에선 웃음소리가 끊이질 않았다.

쿠람은 이 모두가 바누의 덕분이라고 말했다. 그리고 변함없이 그녀를 왕궁 최고의 보물로 여기며 사랑해 마지않았다. 이지는 왕과 왕비의 친구로서 두 사람을 곁에서 돌보며 지켜보았다. 모든 것이 완벽했지만 그래서 이지는 가끔 불안하기도 했다. 너무 완벽한 행복은 신의 질투를 받는다고 하지 않던가.

그리고 이지의 이런 불길한 예감은 결국 현실이 되어 나타났다. 겨울의 끝자락에서 갑자기 독감에 걸린 바누가 봄이 시작될 때까지 고열과 통증에 시달리다가 결국 영영 일어나지 못하게 되고 말았던 것이다.

"헉…… 허억……."

초봄의 어느 밤, 왕비의 침실에 누워 바누는 마지막 숨을 몰아쉬고 있었다. 이지와 쿠람이 곁을 지키고 있었다. 겨우내 앓았던 바누는 많이 야위어 있었다. 하지만 그녀의 눈은 아직 북극성처럼 빛나고 있어서 그 빛이 영원히 사그라질 것이라고는 상상조차 할 수 없었다.

이지는 죽음의 그림자가 짙게 드리운 바누의 얼굴과 깊은 슬픔이 배어 있는 쿠람의 얼굴을 번갈아 바라보았다. 아직도 참 잘 어울리는 한 쌍이라고 그녀는 생각했다. 그리고 착하고 고운 것은 늘 먼저 데려가는 신의 섭리를 원망했다.

바누가 이지와 쿠람을 향해 가늘게 떨리는 손을 뻗었다.

"바누!"

"왕비!"

이지와 쿠람이 동시에 바누의 손을 잡았다. 그녀는 먼저 왕을 향해 애써 미소를 지었다.

"다, 당신과 사는 동안 정말 행복했습니다. 당신은 저, 정말이지 훌륭하게 나무를 키워주셨어요. 우리 둘만의 사랑의 나무를……. 바누는 온 마음을 다해 감사를 드립니다. 그리고 하늘나라에 가서도 당신의 행복을 위해 늘 기도드릴 것을 약속합니다."

"바누, 힘을 내시오. 당신이 없으면 나는 아무것도 할 수가 없소."

강력한 제국을 이끄는 왕의 눈에서 쉴 새 없이 눈물이 떨어졌다. 이 순간만큼은 그도 사랑을 잃는 두려움에 떠는 연약한 남자에 불과했다. 가여워 견딜 수 없다는 시선으로 사랑하는 남자의 얼굴을 바라보던 바누의 시선이 이지에게로 옮겨졌다.

"이지, 내 사랑스러운 친구……."

"그래, 나 여기 있어."

억지로 눈물을 참는 이지를 보며 바누가 힘없이 웃었다.

"부, 부탁 한 가지만 들어줄래?"

"무엇이든 말만 해."

"나를 대신해 쿠람을 지켜 주겠니? 이지도 알잖아. 그는 보기보다 연약한 남자라는걸."

이지가 참았던 눈물을 왈칵 쏟으며 고개를 끄덕였다.

"약속할게. 약속하고말고. 너도 정말 좋은 친구였어, 바누."

이지의 마지막 말을 바누는 들을 수 없었다. 갑자기 곤한 잠에 빠져들 듯 숨을 거두었기 때문이다. 쿠람이 축 늘어진 왕비의 시신을 끌어안고 울부짖었다.

"가지 마시오, 뭄타즈 마할! 나를 두고 가지 마시오, 나의 보석이여!"

왕의 슬픔이 얼마나 대단했는지 그날 밤 사이 그의 머리카락이 백

발로 하얗게 변해 버렸다. 한 남자의 감당하기 힘든 슬픔을 곁에서 지켜보며 이지도 가슴을 치며 아파했다.

캉! 캉! 캉! 뚝딱! 뚝딱!

수도 아그라를 관통하는 자무나 강을 사이에 두고 왕궁과 마주한 널찍한 평지에 거대한 무덤을 건설하는 공사가 한창이었다. 수천 명에 이르는 인부들이 큰 돌을 쪼개고, 대리석을 깎느라 여념이 없었다. 봄이 지나갈 때까지 왕궁의 처소에 은둔해 있던 왕은 여름이 시작되자마자 밖으로 나와 '타지마할'을 건설하겠노라 선언했다. 타지마할이란 죽은 왕비와 자신이 영원한 잠을 청할 모스크 형태의 묘지였다. 말이 묘지이지 강 건너편 왕궁을 능가하는 거대 사원을 건설하는 대공사였다.

"타지마할을 멋지게 지을 거야. 그리고 아름다운 사원의 깊은 방에서 바누와 나란히 누워 잠을 청해야지. 그럼 우리는 내세에서 다시 만나 행복할 수 있겠지? 어때, 이지? 정말 멋진 생각 아니니?"

"……."

매일 공사장에 나와 어린애처럼 들뜬 표정을 짓는 쿠람을 보며 이지는 아무 말도 할 수 없었다. 타지마할을 건설하기 위해 수천 명의 인부가 동원되었고, 상상하기 힘든 돈이 들어갔다. 치세 기간 내내 백성들을 위해 귀족과 관리들을 엄히 다스렸던 왕은 이제 그 자신이 백성들을 괴롭히고 있었다. 하지만 사랑하는 왕비를 잃은 그의 깊은 슬픔을 알기에 이지는 입을 다물 수밖에 없었다.

여름이 지나고, 가을이 오고, 다시 겨울이 시작되고, 또 다시 봄이 오는 동안 둥글고 화려한 지붕과 섬세한 장식의 하얀 벽으로 이루어진 세상에서 가장 아름다운 묘지는 완성을 앞두게 되었다.

타지마할의 완성이 가까워질수록 죽은 왕비에게 미친 왕에 대한 백성들의 원성은 높아만 갔다. 언제 반란이 터져도 이상할 게 없는 상황이 되어 있었다. 그래도 이지는 쿠람에게 공사를 중단하라고 말하지 못했다. 그를 견디게 해주는 유일한 것이 바로 이 타지마할이란 사실을 잘 알고 있었기 때문이다. 그리고 마침내 타지마할은 완성이 되었다.

초여름 하늘은 황혼에 물들어 있었다. 초저녁 바람을 맞으며 쿠람과 이지는 왕궁 앞 자무나 강변에 나란히 앉아 있었다. 강 건너 웅장하고 아름다운 타지마할이 보였다. 눈처럼 하얀 묘지는 푸른 강물에 길게 반사되어 마치 왕궁과 연결되어 있는 것처럼 보였다. 이지는 자신과 쿠람이 묘지에 들어가 있는 듯한 착각이 들었다. 쿠람에 참으로 오랜만에 행복하게 미소를 지으며 중얼거렸다.

"마치 바누가 나를 마중 나온 것 같지 않아?"

"……"

이지는 조금 야윈 쿠람의 옆얼굴을 돌아보았다. 그리고 오랜 친구의 어깨를 살며시 안아주었다. 이지에게 머리를 기대며 쿠람이 살짝 들뜬 목소리로 중얼거렸다.

"이지……, 나는 머지않아 강을 건널 거야. 그리고 타지마할에 잠들어 있는 바누와 만나겠지. 나와 이지는 헤어지게 되겠지만 그렇다고 슬퍼할 필요는 없어. 우리 모두는 언젠가는 강을 건너게 돼 있으니까."

"그래, 그때까지 부디 안녕히……, 나의 착하고 성실한 친구."

무굴 제국에서의 마지막 순간이 다가왔음을 직감한 이지가 작별 인사를 건넸다. 하지만 쿠람은 알아듣지 못하는 것 같았다. 그의 먼눈은 타지마할에서 손을 흔들며 환하게 웃고 있는 바누를 향하고 있었다.

이지가 스윽 고개를 돌렸다. 옆에 놓인 '세기의 로맨스'에서 눈부신 광채가 일렁이고 있었다. 점점 강렬해지는 빛 속에 묻히며 이지는 우두커니 앉아 있는 쿠람을 향해 중얼거렸다.

"안녕…… 안녕……, 나에게 진정한 사랑을 가르쳐준 친구들이여……."

이번 한 번만 용서해 줄게!

천천히 눈을 뜬 이지는 천장에서 쏟아지는 눈부신 불빛에 눈살을 찌푸렸다. 멍한 상태로 누워 있는 이지의 귀에 걱정스러운 목소리가 들려왔다.

"정신이 들어?"

소리 나는 쪽을 돌아보다가 이지는 눈을 부릅떴다.

"주…… 주노 선배……?!"

침대 바로 옆에 주노가 걱정 가득한 얼굴로 앉아 있는 것이 아닌가. 그제야 이지는 자신이 병실의 환한 불빛 아래 누워 있음을 깨달았다. 그럼 무굴 제국에서 보냈던 그 긴 세월이 모두 꿈이었단 말이야? 이지가 재빨리 침대 시트를 걷고 침대 위를 샅샅이 살폈다. 무언가 찾고 있는 듯한 이지를 향해 주노가 물었다.

"뭘 찾아?"

"혹시 내 책 못 봤어요?"

"무슨 책?"

"내가 요즘 읽고 있는 '세기의 로맨스'라는 책이요."

"그거야 집에 있겠지. 그런데 넌 죽었다가 살아난 아이가 어떻게 그깟 책부터 찾니?"

"……."

이지는 대답 없이 잠시 멍하니 생각에 잠겼다. 이제는 과거의 일들이 꿈인지 현실인지조차 알 수 없이 뒤죽박죽이 되어 버렸다.

주노가 혼란스런 표정을 짓는 이지를 향해 설명했다.

"횡단보도에서 트럭에 치일 뻔한 거 기억나? 내가 너를 안고 뒹굴어서 가까스로 피했어. 그런데 일으키려고 보니까, 네가 기절해 있지 뭐야? 의사 선생님 말씀으론 특별한 외상은 없다는데, 계속 깨어나지 않아서 굉장히 걱정했다고."

주노는 정말 얼굴이 핼쑥해져 있었다. 이지는 아무 말 없이 주노의 얼굴을 가만히 바라보았다. 이지와 시선을 마주치고 있던 주노가 손가락으로 옆머리를 긁적이며 힘겹게 입을 열었다.

"너, 너한테 함부로 말한 거 사과할게. 실은 내 생일을 축하하러 프랑스에서 와 주기로 한 엄마가 회사 일 때문에 갑자기 못 오겠다고 하지 뭐야. 우리 엄마는 늘 아들보다 일이 더 중요한 사람이거든. 실은 엄마한테 화가 났는데, 너한테 화풀이를 하고 말았어."

"……."

이지는 사과하기 쑥스러운 듯 얼굴을 살짝 붉힌 주노를 여전히 입을 굳게 다문 채 보고 있었다. 주노의 모습에서 자존심으로 똘똘 뭉친 쿠람의 모습이 겹쳐 보였다. 어쩜 저리도 닮았을까? 이지는 그만 피식 웃음을 흘리고 말았다. 그리고 쿠람이 아무리 잘못을 저질러도 늘 용서하고, 마음속에 사랑의 나무를 키우던 바누의 모습을 떠올렸다. 그래, 사랑은 용서하는 것이라고 바누는 말했지. 용서할 자신이 없다면 사랑하지 마라. 그것이 이지가 바누와 쿠람에게서 배운 사랑의 법칙이었다. 친구들을 떠올리며 잔잔히 미소 짓고 있다가 이지가 나직이 말했다.

"선배의 사과…… 받아들일게요."

"정말? 고맙다, 윤이지!"

"하지만 나를 함부로 대하지 말아 주었으면 좋겠어요. 나를 위해서가 아니라 선배 자신을 위해서요. 나중에 우리가 헤어지게 되면 아마도 선배는 나한테 잘해준 일보다 잘해주지 못한 일을 기억하며 괴로워하게 될 테니까요."

"……?"

주노는 어리둥절한 표정으로 이지를 내려다보았다. 잠깐 정신을 잃었다가 깨어나더니 이지는 갑자기 어른스러워진 것 같았다. 그리고 이지의 눈빛은 왠지 자신의 마음을 꿰뚫어보는 듯했다. 괜히 쑥스러워진 주노가 흠흠 헛기침을 하며 부러 퉁명스럽게 말했다.

"우리가 왜 헤어지냐? 평생 메이드로 부려 먹을 테니까 걱정하지 마."

이지가 침대에서 박차고 일어나 앉으며 소리쳤다.

"누가 선배처럼 까다로운 사람의 메이드를 평생 한대요? 세라의 의심만 풀리면 끝이에요, 끝!"

"글쎄……, 세라 걔 상당히 집요한 것 같던데?"

주노가 히죽거리며 침대에 앉은 이지에게 얼굴을 바싹 들이밀었다. 주노의 입술이 자신의 입술에 닿을 듯하자 이지는 움찔했다. 주노도 갑자기 진지해졌다. 마침 병실에는 아무도 없어서 밀폐된 공간에 단둘만 있었다.

주노가 입술을 천천히 접근시키자 이지는 살며시 눈을 감았다. 어디선가 다시 감미로운 종소리가 들려오는 것 같았다.

벌컥!

"꺄악! 두, 두 사람 뭐하는 짓이야?"

순간, 병실 문이 열리며 깜찍한 토끼 귀가 달린 모자를 쓰고 허벅지가 훤히 비치는 섹시한 파티복을 차려입은 세라가 나타나 비명을 질렀다. 오……, 하느님 맙소사! 이지와 주노는 입을 맞춘 상태에서 눈을 동그랗게 뜨고 세라를 보고 있었다.

타지마할

영원한 사랑의 기념비라 할 수 있는 이 무덤은 무굴 제국의 황제 샤 자한(1592~1666)이 황후 뭄타즈 마할을 추모하기 위해 그녀가 세상을 떠난 해에 세웠다. 타지마할은 완전히 샤 자한만의 작품이라고 말할 수는 없다. 인도와 페르시아의 최고 장인들이 무려 22년이라는 세월에 걸쳐 만들어낸 최고의 예술작품이기 때문이다.

샤 자한은 1612년에 혼인한 아내 아르주만드 바누 베굼을 "용모와 성격에서 모든 여성들 가운데 가장 빼어나다!"라고 말하고 그녀에게 뭄타즈 마할, 즉 '황궁의 보석'이라는 호칭을 내렸다. 무굴제국 황제는 정치적 안정을 위해 종족 별로 황비를 들이는 것이 관례였다. 샤 자한도 관례에 따라 아내를 여럿 두었다. 하지만 궁정의 사관들은 샤 자한과 다른 아내들의 관계는 혼인 상태를 유지하는 형식적인 관계에 그쳤으며 황제의 무한한 관심과 애정은 오직 뭄타즈 마할만을 향했다, 라고 적고 있다.

또한 사관들은 그녀가 정치적 야심을 털끝만치도 품지 않은 완벽한 아내였다, 라고 기록했다. 이 점에서 그녀는 시아버지 자항기르 대왕이 총애했던 누르 자한과 비교되곤 한다. 샤 자한의 계모였던 그녀는 뭄타즈 마할의 고모이기도 했다.

뭄타즈 마할은 19년의 혼인 생활 동안 총 14명의 아이를 낳았다. 이 가운데 여덟은 출산할 때 혹은 유아 시절 사망했다. 뭄타즈 마할은 1631년 14번째 딸 가우하라 베굼을 낳다가 부르한푸르에서 세상을 떠났다. 당시 그녀는 데칸 고원 지역으로 원정을 떠난 남편을 수행 중이었다. 샤 자한의 슬픔은 깊고도 깊었다. 식음을 전폐하고 비통에 잠기기를 수십 일, 그의 머리카락이 하얗게 바뀔 정도였다고 한다.

이때부터 샤 자한은 대리석, 벽옥, 수정, 진주, 에메랄드, 터키옥, 청금석, 사파이어 등 값비싼 자재와 장식재들을 아시아 각지에서 들여와 전대미문의 크고 화려한 묘역을 조성하기 시작했다. 중앙의 능을 완공한 것이 1648년, 묘역 전체는 착공 22년 만인 1653년에야 완공되었다. 이것이 오늘날 유네스코 세계문화유산이자 세계에서 가장 아름다운 건축물 중 하나로 꼽히는 타지마할이다.

   아내의 죽음을 애도하며 22년 동안이나 무덤을 지었다는 왕의 시공을 초월한 사랑이 깃들었기 때문일까? 인도 이슬람 예술의 걸작 타지마할은 절대적인 아름다움을 뽐낸다. 순백의 대리석은 태양의 각도에 따라 하루에도 몇 번씩 빛깔을 달리하며 감탄을 자아낸다. 웅장한 건물은 공중에 떠있는 듯 신비롭고, 건물과 입구의 수로 및 정원의 완벽한 좌우대칭은 균형미를 느끼게 해준다. 궁전 내·외부를 장식한 온갖 진기한 보석들은 너무도 아름다워 눈이 부실 지경이다. 국가 재정에 영향을 줄 정도의 거액이 투자되었다니, 그 규모가 어떠했을지 상상이 되고도 남는다.

   그 섬세한 우아함, 건축적 완성도, 환경과의 완벽한 조화 등등 타지마할에 대해서는 오랜 세월에 걸쳐 찬사가 이어졌다. 그러나 타지마할의 아름다움의 절정은 정문 출입로와 샤르바그 사이에서 가장 두드러진다. 샤르바그란 네 구획으로 나누어진 정원으로 가로수길과 꽃밭, 물길 등으로 채워져 있으며, 페르시아 인들이 생각한 낙원을 현실공간에서 구현한 모습이라고 알려져 있다. 이러한 풍요로움의 정반대 쪽 끝에 붉은 사암 토대 위에 세운 영묘가 보인다. 눈처럼 새하얀 대리석에는 사파이어, 라피스라줄리, 터키석, 그 밖의 준보석들을 박아 만든 꽃무늬, 기하학적인 문양, 그리고 글자를 조각한 부조 등이 빽빽이 채워져 있다.

   영묘 주위의 부속 건물들은 영묘를 더욱 돋보이게 하는 역할을 한다. 이슬람 신전에 세워진 높은 뾰족탑 미나렛은 타지마할을 강조하기 위해 평소보다 작게 지어졌으며, 수직이 아니라 기울어지게 세워서 만약 무너지더라도 영묘를 손상시키지 않도록 배려했다. 야무나 강과 샤르바그를 배경으로 타지마할은 하루 중 시간의 흐름에 따라 또한 일 년 중 사계절의 변화에 따라 모습을 달리한다. 새벽빛이 대리석에 떨어져 핑크빛으로 물드는가 하면 달빛을 받은 준보석들은 마치 별처럼 빛을 발한다. 이 빛이야말로 왕비 뭄타즈 마할과의 현세에서의 아름다웠던 사랑과 천국에서의 영원한 사랑을 꿈꾼 샤 자한의 애틋한 마음의 증거가 아닐까?

샤 자한은 애초 타지마할과 마주보는 자무나 강 건너편에 검은 대리석으로 자신의 묘를 짓고, 구름다리로 연결하려 했다는 이야기가 전해진다. 자무나 강 건너편에서 건물의 기단을 조성한 흔적이 발견되기도 했지만 진위 여부는 확실치 않다.

타지마할이 완공된 후 10년 뒤인 1658년 제국에 내전이 발생했다. 1657년 샤 자한이 병고에 시달리는 사이 아들들이 피 비린내 나는 권력투쟁에 나선 것이다. 장남 다라 시코는 병든 샤 자한을 대신해 사실상 대리 통치를 하고 있었다. 하지만 차남 샤 슈자, 삼남 아우랑제브, 막내 무라드 바크시 등의 형제들은 이를 인정하지 않았다. 이합집산의 전쟁 끝에 1658년 최후의 승리는 아우랑제브의 몫으로 돌아갔다. 아우랑제브는 형 다라 시코를 공개 참수형에 처하고, 아버지 샤 자한을 아그라 요새의 탑에 감금했다. 아우랑제브는 이후 아버지가 세상을 떠날 때까지 한 번도 아버지를 만나지 않았다. 탑에 갇힌 샤 자한에게는 사랑했던 아내가 묻힌 타지마할을 바라볼 수 있었다는 게 유일한 위안이었다. 실의에 빠진 샤 자한을 곁에서 돌본 것은 첫째 딸 자하나라 베굼 사히브였다.

샤 자한은 1666년 1월 22일 조용히 세상을 떠났다. 자하나라는 성대한 국장을 준비하려 했으나 아우랑제브는 허락하지 않았다. 샤 자한의 시신은 나무 관에 안치되어 강을 통해 타지마할까지 운구된 뒤, 아내의 곁에 묻혔다. 그토록 사랑하던 부인 옆에 묻혔으니 불행하기만 한 말년은 아니었던 듯싶다.